마더 테레사가
들려준 이야기

† 일러두기

부록 「마더 테레사의 생애」는 저자의 허락을 받아 『마더 테레사: 그 사랑의 생애와 영혼의 메시지』(신홍범 엮음, 두레)에서 요약·발췌하였습니다. 저자와 출판사의 허락 없이 무단으로 전재하거나 복제할 수 없습니다.

두레아이들 인물 읽기 ❻

마더 테레사가
들려준 이야기

에드워드 르 졸리 · 자야 찰리하 지음   †   앨런 드러먼드 축약 및 그림   †   황의방 옮김

두레아이들

지은이의 말

마더 테레사를 감동시킨 '일상의 작은 일들'

테레사 수녀에게 아이들은 아주아주 특별했습니다. 테레사 수녀가 아이들을 기쁘게 맞이하기 위해, 일을 하느라 닳아 버린 커다란 두 손을 내밀 때, 미소 짓는 주름투성이 얼굴과 반짝이는 푸른 눈에는 사랑이 넘쳤습니다. 테레사 수녀도 한때는 산뜻하고 깔끔한 차림에 언제나 남을 도울 준비가 되어 있는, 통통한 어린 소녀였습니다.

  테레사 수녀는 일찍이 자기의 연설이나 이야기를 기록해 둔 적이 없었습니다. 이 책에 소개하는 이야기들은 '일상생활 속에서 일어난 작은 일들'에 관한 이야기들입니다. 이것들은 테레사 수녀가 직접 경험한 이야기들로, 테레사 수녀는 사람들에게 전하려는 메시지를 알기 쉽게 설명하기 위해서 이 이야기들을 자주 이용했습니다. 이 이야기들은 전 세계 수많은 사람들의 마음과 가슴을 울려 큰 감동을 주었습니다.

테레사 수녀는 1997년 9월 5일 세상을 떠났습니다. 테레사 수녀는 콜카타의 '사랑의 선교회' 마더 하우스에 묻혀 있습니다. 시험 때가 되면 콜카타의 어린아이들은 수백 명씩 떼를 지어 찾아와서 테레사 수녀의 눈처럼 하얗고 소박한 무덤 위에 꽃 한 송이를 놓고 축복해 주기를 빕니다.

마더 하우스로 들어가는 문 밖에 걸린 나무 문패에는 '마더 테레사'라는 글씨가 적혀 있습니다. 문에는 또 '자리에 있음' 또는 '자리에 없음'을 나타내는 표시도 붙어 있는데, 테레사 수녀는 늘 '자리에 있음'으로 표시되어 있습니다. 비록 세상을 떠났지만 지금도 살아서 일하고 있다는 뜻입니다.

자야 찰리하

… 차례 …

지은이의 말 – 마더 테레사를 감동시킨 '일상의 작은 일들'   4

엄마가 있는 곳이 우리 집   8

마더 테레사에게 설탕을……   12

사랑의 교수   16

나눌 수 있는 용기   20

사랑에 굶주린 아이들   24

내 곁에 있는 가난한 사람들을 먼저……   28

눈을 뜨고 둘러보세요   32

세상에서 가장 소중한 곳   36

우리도 가난한 사람들을 돕고 싶어요   40

힘을 합쳐 보아요   44

마더 테레사의 동물 사랑   48

부록
마더 테레사의 생애 – 가난한 사람들의 친구이자 '콜카타의 성인'   53

1. 소명   55

2. 수녀의 길   65

3. 가난한 사람들 속으로   72

4. 가난한 어린이들에게 학교를   80

5. '사랑의 선교회'의 탄생   85

6. 죽어 가는 사람들의 집(니르말 흐리다이)   91

7. 마더 하우스   96

8. 때 묻지 않은 어린이들의 집(시슈 브하반)   100

9. 사랑의 선교회를 돕는 사람들   105

10. 평화의 마을, 샨티 나가르   108

11. 사랑의 선교 수사회의 탄생   114

12. 해외로부터 부르는 소리   117

13. 프렘 단(사랑의 선물)   124

14. 국제적 연대   129

15. 세계의 눈에 비친 마더 테레사   136

16. 살아 있는 성인   149

17. 세계의 애도   153

18. 오늘의 사랑의 선교회   160

마더 테레사 연보   163

엄마가 있는 곳이 우리 집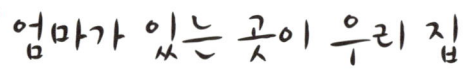

콜카타에 사는 많은 아이들은 거리에서 생활하고, 그래서 거리가 곧 그들의 집입니다.

어느 날 저녁, 테레사 수녀는 집 앞에서 번잡한 도로 바닥에 앉아 있는 어린 남자아이를 보았습니다.

테레사 수녀는 아이에게 다가가 허리를 굽힌 뒤 그 아이와 이야기를 나누었습니다. 그러고는 아이가 혼자인 것을 알고 한 수녀에게 아이를 어린이집으로 데려가 달라고 부탁했습니다. 그 수녀는 아이를 어린이집으로 데리고 갔습니다. 아이는 잠자리에 들기 전에 수녀들이 자기 몸을 씻겨 주고 깨끗한 옷을 입혀 주자 기뻐서 빙그레 웃었습니다.

이튿날, 테레사 수녀가 어린이집에 들러서 수녀

들에게 그 아이에 대해 물었습니다.

"말도 마세요! 한밤중에 도망쳐 버렸지 뭐예요." 수녀들이 대답했습니다.

그래서 수녀들은 번잡하고 시끄러운 거리에서 이 아이를 찾기 시작했습니다. 오래지 않아 수녀들은 아이를 찾아서 어린이집으로 데리고 왔습니다. 하지만 이튿날 밤 소년은 다시 달아났습니다. 날이 밝은 뒤, 다시 아이를 찾아 나선 수녀들은 다행히도 무덥고 먼지가 자욱한 곳에서 어슬렁거리고 있는 소년을 찾을 수 있었습니다.

그러자 테레사 수녀가 수녀들에게 말했습니다. "그 애가 다시 도망가면 이번에는 그 애를 따라가서 그 애가 어디로 가는지 알아봐 주세요."

아니나 다를까 그날 밤 아이는 또 사라졌습니다. 테레사 수녀의 말대로 이번에는 한 수녀가 그 아이가 어디로 가는지 따라가 보았습니다. 얼마 뒤 수녀는 어둠 속에서 작은 모닥불 옆에 웅크리고 앉아 있는 소년을 발견했습니다. 그 소년은 길에서 남은 음식을 주워 가지고 와서 요리를 만들고 있는 한 여자와 함께 있었습니다.

"왜 우리 집에서 달아났니?" 수녀가 아이에게 물었습니다.

그러나 아이는 빙긋이 웃으며 말했습니다. "이곳이 우리 집이에요. 우리 엄마가 여기 있으니까요." 그리고 자기 옆에 있는 여자가 자기의 엄마라고 말했습니다. 비바람을 피할 수도 없는 길바닥이었지만, 그곳에 엄마가 있었고 그래서 그곳이 집이었던 것입니다. ♥

마더 테레사에게 설탕을……

언젠가 콜카타에 설탕이 떨어지는 일이 벌어졌습니다. 설탕이 없으면 테레사 수녀와 함께 일하는 수녀들에게는 큰일이었습니다. 설탕은 아이들에게 없어서는 안 되는 음식이었기 때문입니다. 시내 곳곳에서 일하는 수녀들이 테레사 수녀에게 와서 말했습니다. "아이들에게 먹일 설탕이 없습니다."

 아주 바쁜 어느 날, 어린이집의 모든 수녀들이 설탕이 떨어져 가고 있는 것을 걱정하고 있었습니다. 어찌나 걱정이 되는지 다른 일은 생각할 겨를조차 없었습니다.

 그러던 중 문득 테레사 수녀는 한 아이가 자기 얼굴을 올려다보며 빙그레 웃고 있는 것을 보았습니다. 그 아이는 유명한 테레사 수녀를 보고 싶은 호기심에 이곳을 찾아온 것이었습니다. 테레사 수녀는 뒤늦게 아이를 마주 보고 웃으며 두 팔로

안아 주었습니다. 그리고 그 아이에게 왜 미처 알아차리지 못했는지를 설명해 주었습니다. "아이들에게 먹일 설탕이 없어서 모두가 걱정하느라 정신이 없구나" 하고 테레사 수녀는 말했습니다.

   그 아이는 집으로 가는 내내 테레사 수녀가 한 말에 대해 생각했습니다. 집에 도착하자마자 아이는 흥분해서 자기가 테레사 수녀를 만났던 일을 가족들에게 모두 이야기했습니다. 그러고는 이렇게 다짐했습니다. "난 3일 동안 설탕을 먹지 않을

거야. 그걸 모아서 테레사 수녀님께 갖다 드릴 거야."

며칠 뒤 아이는 부모님을 이끌고 테레사 수녀의 어린이집을 찾아갔습니다. 소년은 테레사 수녀를 보자마자 빙그레 웃으며 자기가 그동안 모은 설탕을 내밀었습니다.

그 일이 있은 뒤, 테레사 수녀는 사람들에게 자주 이렇게 말했습니다.

"그 작은 아이는 내 이름을 제대로 부르지도 못할 만큼 어렸어요. 하지만 위대한 사랑을 할 줄 아는 마음을 지니고 있었지요. 그 아이는 우리에게 중요한 것은 얼마나 많이 주느냐가 아니라 얼마나 많은 사랑을 담아 주느냐라는 사실임을 나에게 가르쳐 주었답니다."

사랑의 교수

콜카타에서 사랑의 선교회가 가난한 사람들을 도우면서 선교에 성공을 거둔 뒤, 테레사 수녀는 인도 밖에서도 선교 활동을 펼치기 위해 남아메리카에 있는 베네수엘라로 갔습니다.

사랑의 선교회는 고아들을 위한 새 집이 필요했습니다. 그런데 다행히 부근에 사는 어느 부유한 집에서 그 집을 지을 터를 기부해 주었습니다.

어느 날, 테레사 수녀가 그 집을 찾아갔습니다. 테레사 수녀가 집 안으로 들어가자, 그 가정의 어머니는 테레사 수녀를 반갑게 맞아 주었습니다. 그러고는 테레사 수녀에게 자기의 가장 큰 아이를 소개했습니다.

"아이의 이름이 뭐죠?" 테레사 수녀가 물었습니다. 테레사 수녀는 한눈에 그 아이가 심한 장애를 가지고 있다는 것을 알 수 있었습니다. 그래서 그 애가 말을 할 수 없을 거라고 짐작했습니다.

"그 애의 이름은 저…… '사랑의 교수'랍니다." 어머니가 웃으며 대답했습니다.

테레사 수녀는 아이의 어머니가 계속해서 다음과 같이 말할 때 어머니의 얼굴에 아름다운 미소가 번지는 것을 보았습니다. "이 아이는 늘 우리에게 사랑을 행동으로 표현하는 법을 가르쳐 주거든요. 그래서 이름이 '사랑의 교수'랍니다."

나눌 수 있는 용기

많은 사람들이 테레사 수녀를 찾아와서 종종 이렇게 물었습니다. "가장 가난한 사람들을 어떻게 도울 수 있을까요?"

그러면 테레사 수녀는 이렇게 대답해 그 사람들을 놀라게 했습니다.

"난 당신이 가난한 사람들을 찾아내기를 바랍니다. 먼저 당신의 집에서 그런 사람을 찾으세요. 그리고 그곳에서 사랑을 시작하세요. 그리고 이웃집에서 그런 사람들을 찾아보세요. 누가 가난한 사람들인지 알겠지요?"

그리고 테레사 수녀는 자기 이웃 사람들에게 사랑을 실천한 매우 가난한 가족에 관한 특별한 이야기를 들려주었습니다.

"어느 날 한 남자가 우리 집에 와서 이렇게 말했습니다. '테레사 수녀님, 아이들이 여덟 명이나 있는 가족이 먹을 것이 없어 굶고 있습니다. 그들을 좀 도와주십시오.' 그래서 나는 쌀

을 조금 가지고 곧 그 집을 찾아갔지요.

아이들은 굶주림 속에서 눈만 말똥말똥했습니다. 나는 가지고 간 쌀을 아이들의 어머니에게 건네주었습니다. 그런데 그 어머니는 쌀을 받자마자 둘로 나누어 담는 것이었습니다.

그러고는 이내 내가 준 쌀의 절반을 가지고 집 밖으로 나갔습니다.
'어디로 가는 거죠?' 내가 물었습니다.
'그들도 굶고 있거든요.' 단지 이 말 한마디만 남기고 그 여자는 서둘러 밖으로 나갔습니다. 그 여자는 다시 집으로 돌아온 뒤에야 이웃집 가족도 역시 굶고 있다고 말해 주었습니다. 자신이 받은 쌀의 절반을 그 이웃집에 갖다 준 것이었지요.

정말로 나를 놀라게 한 것은 그 여자와 자식들이 굶주리고 있었는데도 옆집 사람들이 굶고 있다는 것을 알고 있었다는 것이었어요. 그리고 그런 어려움 속에서도 조금밖에 안 되는 자기의 귀한 양식을 나누어 주었다는 것입니다. 왜냐하면 우리는 자신이 곤경에 빠지거나 고통을 당하고 있을 때에는 다른 사람들을 생각할 여유가 없기 때문입니다. 하지만 이 어머니는 자기의 사랑을 이웃에게 나누어 줄 용기를 가지고 있었던 것입니다."

사랑에 굶주린 아이들

세계 여러 도시에는 길거리에서 자는 사람들이 많습니다. 콜카타에도 가난한 사람들이 있지만, 미국과 유럽의 부유한 도시들에도 역시 가난한 사람들이 있습니다. 밤에 샌프란시스코의 길거리에서 잠을 자는 사람들이 약 5,000명이라고 합니다.

테레사 수녀는 이 부유한 나라들에서 가난한 사람들을 돕는 사람들에게 가난에 대해 이야기할 때 또 다른 종류의 가난, 즉 정신적 가난에 대해 자주 말했습니다.

"그래요, 집 없는 사람들은 밤에 거리에서 잠을 자지요. 하지만 또 다른 종류의 집 없는 사람들이 있어요. 우리는 이 집 없는 사람들에 대해 생각해 봐야 합니다." 테레사 수녀는 이렇게 말하고는 버림받은 사람들, 사랑받지 못하는 사람들, 돌보아 주는 사람이 없는 사람들 역시 집 없는 사람들이라고 했습니다.

"우리는 마구 버리는 사회에 살고 있어요." 테레사 수녀는 말했습니다. "우리는 어떤 물건이 고장 났다고, 또는 속이 비었다고 물건들을 내다 버리지요. 그와 마찬가지로 사람들과 가족들 역시 너무 쉽게 서로 미워하고 서로를 밀어냅니다. 이렇게 해서 버려진 사람들이 너무 많습니다.

나는 한밤중에 우리 집 문을 두드리며 큰 소리로 이렇게 소리치던 한 어린아이를 결코 잊을 수가 없습니다. '난 아빠한테 갔어요. 그런데 아빠는 날 원치 않았어요. 엄마한테 갔더니 엄마도 날 원치 않았어요. 수녀님은 날 원하나요?'

물론 나는 그 아이를 원했습니다. 그 어린아이가 심한 상처를 받았으니까요."

내 곁에 있는 가난한 사람들을 먼저……

언젠가 한 여인이 테레사 수녀의 말을 듣고 깊이 감동해서 자기가 끼고 있던 금팔찌와 금반지들을 내놓았습니다. 하지만 테레사 수녀는 그것들을 받지 않았습니다. 그 대신 테레사 수녀는 다음과 같은 이야기를 들려주었습니다.

"어떤 부자가 나에게 와서 이렇게 말했지요. '난 네덜란드에 큰 집이 있습니다. 그것을 기부할까요?' 나는 '그만두세요'

하고 대답했지요. '그러면 내가 그 집에 들어가 살아야 할까요?' 그가 물었습니다. '그래요' 하고 나는 대답했지요.

'나는 큰 승용차를 가지고 있습니다. 집 대신 그걸 드릴까요?' 그 남자가 다시 말했습니다. '싫습니다. 하지만 난 당신이 집으로 돌아가서 네덜란드에 사는 외로운 사람들을 만나셨으면 해요. 그런 다음 한 번에 몇 사람씩 그 사람들을 집으로 데려와서 대접하세요. 그 사람들을 당신의 그 큰 차에 태워서 집으로 데려온 다음 그들이 당신의 아름다운 집에서 몇 시간 동

안 즐기게 하세요. 그렇게 하면 당신의 그 큰 집은 빛과 기쁨, 생명으로 가득 찬 사랑의 장소가 될 것입니다.'

　그 남자는 빙긋이 웃으며 사람들을 자기 집에 데려오면 참 좋을 거라고 말했습니다. 그러나 그 부자는 자기 삶에서 무엇인가를 포기하고 싶다고 말했습니다. 그래서 내가 이렇게 제안

했지요. '새 양복이나 새 옷을 사러 갈 때, 가장 좋은 옷을 사는 대신 좀 더 싼 것을 사고 남는 돈으로 다른 사람에게 줄 무언가를 사세요. 그것을 가난한 사람들에게 주면 더욱 좋겠지요.'

내가 이야기를 마치자 그는 놀란 표정으로 이렇게 말했습니다. '아, 그런 방법이 있었군요, 수녀님. 난 미처 그런 생각을 못 했습니다.'" ♥

눈을 뜨고 둘러보세요

여러분은 배고픔의 고통이 어떤 것인지 상상할 수 있나요? 정말로 굶주려 보지 않은 사람들에게는 그것을 상상한다는 것조차 불가능한 일입니다. 평생을 배고픈 사람들 속에서 일했던 테레사 수녀가 거리에서 자신이 직접 데려온 한 어린아이에 대한 이야기를 들려주었습니다.

"그 아이는 겨우 여섯 살이었어요. 나는 그 아이의 눈을 보고 그 아이가 몹시 배고파 한다는 것을 알 수 있었어요. 나는 여러 사람의 눈에서 그런 지독한 배고픔을 보았으니까요. 내가 그 아이에게 빵을 한 개 주었지요. 나는 그 아이가 허겁지겁 빵을 먹을 줄 알았어요. 그런데 놀랍게도 그 아이는 빵을 급히 먹지 않고 빵 부스러기를 한 개 한 개 떼어 먹기 시작했어요. 그걸 보고 있던 내가 그 아이에게 말했어요. '어서 빵을 먹으렴. 배고프

잖니?' 그러자 그 어린아이가 나를 올려다보며, '빵을 다 먹어 버리면 또 배고플까 봐 겁이 나요'라고 말하는 것이었어요."

테레사 수녀는 자기 친구들과 자기를 따르는 사람들이 모인 자리에서 처음 이 이야기를 했습니다. 이 사람들은 음식이 없어 굶주려 본 적이 한 번도 없는 사람들이었습니다. 하지만 테레사 수녀는 그들도 아마 사랑에 대한 굶주림을 느껴 보았을 거라고 짐작했습니다. 사랑에 대한 굶주림은 우리 모두가 느끼는 것이기 때문입니다.

이 중요한 교훈을 테레사 수녀는 가난한 사람들 사이에서 일하면서 배웠습니다. 테레사 수녀는 자기 친구들에게 이렇게 말했습니다.

"그 작은 아이는 당신이나 내가 아마도 모르고 있을 배고픔의 고통을 이미 알고 있었습니다. 그래서 난 이렇게 말하고 싶어요. 눈을 뜨고 둘러보세요. 굶주리고 있는 사람들이 많습니다. 그리고 이 세상에는 빵에 대한 굶주림만 있는 것이 아니라 이해와 사랑, 그리고 하느님의 말씀에 대해 굶주려 있는 사람들이 많이 있습니다."

세상에서 가장 소중한 곳

매년 크리스마스 때가 되면 테레사 수녀는 그동안 도와준 사람들에게 즐거운 크리스마스 인사와 특별한 메시지가 담긴 편지를 썼습니다.

어느 해 크리스마스 날, 테레사 수녀는 자기가 돌보는 아이들 150명이 특별한 선물을 받게 되리라는 얘기를 듣고 무척 기뻐하리라고 생각했습니다. 그래서 이 소식을 기쁜 마음으로 전했습니다. 그 선물이란 아이들이 비행기를 공짜로 타게 된다는 것이었습니다!

아이들이 비행장에 모였습니다. 모두 비행기 타기에 알맞은 말쑥한 셔츠를 입고 있었고, 또 항공사에서 준 모자를 쓰고 있었습니다. 이 아이들은 자기가 사는 도시는 물론이고 자기가 사는 거리조차 떠나 본 적이 없는 콜카타에서 가장 가난한 아이들이었습니다.

"이제 우린 저 위로 솟구쳐 올라갈 거야!" 한 아이가 자기 자리에 앉아 안전벨트를 매면서 말했습니다.

와우! 비행기가 이륙하려고 속도를 높이자 아이들은 짜릿한 스릴을 느꼈습니다. 비행기가 부드럽게 날게 되자 아이들은 좌석에서 나와 창문으로 그들이 방금 떠나온 저 밑의 도시를 내려다보며 즐거워했습니다.

그러나 착륙해야 할 시간이 무척이나 빨리 찾아왔습니다.

그들이 두고 떠났던 그 크고 바쁜 도시가, 붐비는 거리들이 마치 그들을 만나러 솟구쳐 오르는 것만 같았습니다. 비행기의 바퀴가 땅에 닿자 모두들 환호성을 질렀습니다.

　테레사 수녀는 이 특별한 비행으로 짧은 시간 동안이나마 일상생활에서 벗어날 수 있었던, 이 버려진 아이들이 느꼈던 기쁨을 잊을 수 없었습니다. 그래서 이런 편지를 썼습니다.

　"우리들의 굶주리고 버려진 불우한 아이들이 하늘을 날 수 있는 기쁨을 경험할 수 있었다는 것은 얼마나 놀라운 일입니까."

하지만 비행기가 땅으로 다시 내려온 것처럼, 역시 아주 소중한 곳은 가정입니다. 테레사 수녀가 보낸 크리스마스 메시지의 나머지 부분은 아이들이 사랑하고 기도하는 법을 배울 수 있는 가장 좋은 장소는 이 지상의 가정이라는 내용이었습니다.
"가정이 튼튼하고 하나로 뭉쳐 있을 때, 아이들은 부모의 사랑을 통해 하느님의 특별한 사랑을 볼 수 있지요."

우리도 가난한 사람들을 돕고 싶어요

어느 날 오후, 아이 몇 명이 테레사 수녀가 살고 있는 마더 하우스 문 앞에 모여 있었습니다. "테레사 수녀님이 여기 사시나요?" 아이들이 물었습니다.

잠시 뒤 테레사 수녀가 밖으로 나왔습니다. 테레사 수녀는 손님들을 맞느라고 바빴지만, 문 앞까지 나왔습니다. 그리고 아이들이 특별한 사명을 띠고 선생님과 함께 그곳을 찾아왔다는 것을 금방 알아차렸습니다. 곧이어 아이 두 명이 앞으로 나와서 자신들이 테레사 수녀를 찾아온 이유를 설명했습니다.

"우리는 올해 반에서 성적이 좋은 학생들입니다. 그래서 종업식 날 상과 상품을 받게 되어 있었습니다." 첫 번째 아이가 말했습니다.

"하지만 상 받기 전날 우리는 선생님께 상품 대신 돈으로 달

라고 말씀드렸습니다." 다른 학생이 말했습니다.

테레사 수녀는 호기심을 느꼈습니다. 그래서 물었습니다. "왜 돈으로 달라고 했지?"

"종업식 날 우리는 이렇게 말했어요. '우리를 테레사 수녀님께 데려가 주세요. 우리는 이 돈을 수녀님이 돌보시는 가난한 사람들에게 주고 싶습니다.'" 아이들이 설명했습니다.

그런 다음 아이들은 봉투를 테레사 수녀에게 건네주었습니다. 그들은 자랑스럽게 미소를 지었고, 모두 기뻐서 박수를 쳤습니다.

아이들이 가고 난 뒤, 테레사 수녀는 손님들에게 돌아가서 이렇게 말했습니다.

"아이들이 그 돈을 자신들을 위해 쓰지 않았다니 얼마나 놀라운 일입니까. 나는 돈이든 상이든 무엇이든 받을 때면 언제나 그들이 나를 통해 보는 가난한 사람들의 이름으로 그것을 받습니다. 나는 내가 그렇게 하는 것이 옳다고 생각합니다. 내가 누굽니까? 난 아무것도 아닙니다. 사람들은 내가 아무것도 아니라는 것을 알고 있기 때문에 나를 믿는 것이지요."

힘을 합쳐 보아요

왕과 대통령, 그리고 수많은 유명한 사람들이 전 세계에 흩어져 있는 테레사 수녀의 특별한 '가정'에서 아이들과 아기들을 안아 주었습니다.

언젠가 찰스 왕세자가 콜카타를 방문했습니다. 그는 시간을 내서 테레사 수녀의 '가정'을 찾았고, 그곳에서 테레사 수녀를 만났습니다.

테레사 수녀는 왕세자에게 가장 최근에 가정에 들어온 아이를 소개했습니다. 그 아이는 도시의 어딘가에 버려졌던 갓난아이였습니다. 왕세자는 그 아기를 안고 미소를 지어 보였습니다.

다음에 테레사 수녀는 왕세자를 데리고 성당으로 갔습니다. 그곳에서 두 사람은 조용히 기도를 올렸습니다. 기도를 마친 다음 테레사 수녀는 왕세자에게 "주님, 저를 당신의 도구로써 주십시오"로 시작되는, 아시시의 성 프란치스코의 유명한 기도문이 인쇄된 작은 카드를 선물로 주었습니다.

　테레사 수녀는 왕세자에게 그 기도를 매일 해 달라고 부탁했습니다. 그러자 왕세자는 테레사 수녀의 가정에서 이루어지는 일을 보고 깊은 인상을 받았다고 말했습니다.

찰스 왕세자가 떠나려고 할 때, 테레사 수녀가 왕세자를 돌아보며 말했습니다.
"나는 왕세자님이 하는 일을 할 수 없고, 왕세자님은 내가 할 수 있는 일을 할 수 없지요. 하지만 우리 둘이 힘을 합친다면 하느님을 위해 멋진 어떤 일을 할 수 있을 겁니다." ♥

마더 테레사의 동물 사랑

어느 사제가 매일 아침 사헤브 강가에 있는 한 고등학교에 가면서 자기가 기르는 커다란 개를 데리고 갔습니다. 그러나 그 학교를 맡고 있는 여자 수도원장은 개가 건물 안에 들어오는 것을 허락하지 않았습니다.

하지만 학교 창립 25주년을 기념하기 위해 테레사 수녀가 그 학교를 찾아오면서 사정이 달라졌습니다.

"테레사 수녀님이 축제 때 연설을 하러 오신대!" 아이들은 이렇게 소리쳤습니다. 사람들은 흥분했고, 엄청나게 많은 사람들이 테레사 수녀를 보러 왔기 때문에 곧 학교 강당이 꽉 차 버렸습니다. 그래서 근처에 있는 공원으로 자리를 옮겨 강연회를 열 수밖에 없었습니다. 연설을 마친 뒤 테레사 수녀는 다른 수녀들과 함께 차를 마시기 위해 학교로 돌아갔습니다.

개를 데리고 온 사제가 군중들을 따라 학교로 왔습니다. 그러자 수녀들은 사제에게 차를 마시자며 방으로 들어오라고 초대했습니다. 늘 그러하듯이 개는 밖에 두었습니다. 그런데 차를 마시는 동안 개가 문이 열린 틈을 타서 몰래 안으로 들어왔습니다.

여자 수도원장이 벌떡 일어나서 "쉿, 쉿!" 하며 개를 밖으로 쫓아내려 했습니다. 하지만 테레사 수녀가 얼른 "참 훌륭한 개군요" 하고 말하면서, 두 팔로 개를 얼싸안고 쓰다듬어 주고 입을 맞추기까지 했습니다. 그러자 그 방에 있던 사람들이 모두 웃음을 터뜨렸고, 그 큰 개는 학교 축제가 계속되는 동안 줄곧 테레사 수녀 옆에 붙어 앉아 있었습니다.

　그리고 이튿날 아침부터 그 개는 건물 안으로 들어오는 것을 허락받았습니다. 사람들은 모두 테레사 수녀가 축복해 준 그 개를 좋아했습니다. ♥

…부록…

마더 테레사의 생애

– 가난한 사람들의 친구이자 '콜카타의 성인' –

마더 테레사
(Mother Teresa, 1910. 8. 26~1997. 9. 5)

1. 소명

마더 테레사는 1910년 8월 26일 발칸반도의 중부에 있는 마케도니아의 수도 스코페에서 태어났다. 니콜라 보야주(Nikola Bojaxhiu)와 그의 아내 드라나필(Dranafille)이 낳은 3남매 중 막내딸이었다. 마더 테레사는 태어난 다음 날 세례를 받으며 아그네스 곤자(Agnes Gonxha)라는 이름도 함께 받았다. 이 이름은 알바니아 말로 '꽃봉오리'라는 뜻이다.

아버지 니콜라는 건축업과 식료품 수입업을 했다. 여러 나라 말을 할 줄 알았던 그는 유럽 곳곳을 여행하며 활발하게 사업을 벌였다. 아버지는 쾌활한 성격으로 사람들과 어울리기 좋아했고, 독실한 가톨릭 신자였으며, 열렬한 알바니아 애국자였다.

어머니 드라나필 역시 자녀들을 데리고 매일 아침 가까운 성당을 찾아가 미사를 드릴 만큼 신앙심이 깊었다. 그녀는 가난하고 고통받는 사람들을 늘 가까이서 도왔다. 마더 테레사의 집 식탁에는 매일 손님이 와 있었다. 그들이 누구냐고 마더 테레사가 물으면 어머니는 친척이나 '우리 집 사람들'이라고 대답했다. 마더 테레사는 자라면서 그들이 가진 것이 없어 어머니가 먹여 살리는 사람들이라는 것을 알게 되었다. 마더 테레사의 어머니는 정기적으로 돈과 음식을 나눠 주러 가난한 사람들을 찾아갔는데, 그때마다 어린 마더 테레사, 아그네스 곤자가 함께했다.

어머니는 불우한 이웃을 도와야 한다는 것을 자식들에게 보여 주는 한편, 어떠한 낭비도 용납해서는 안 된다는 근검절약 정신도 가르쳤다. 삼 남매가 쓸데없는 이야기로 떠들던 어느 날 밤 의자에 앉아 말없이 아이들이 재잘대는 소리를 듣고 있던 어머니는 갑자기 일어나 방을 나가면서 "바보같이 수다 떠는 데 전기를 써서는 안 된다"며 불을 꺼 버렸다. 아이들은 오랫동안 이 사건을 잊을 수가 없었다. 어머니는 이웃을 헌신적으로 사랑하고 자식들에게 자애로웠으나 엄격하고 절도 있게 살아갔다.

비교적 유복하고 단란했던 이 가정은 1919년 아그네스 곤자가 9살이 되던 해에 큰 불행과 맞닥뜨렸다. 아버지 니콜라가 갑자기 세상을 떠난 것이다. 아버지 니콜라는 1차 세계대전 후 알바니아 인들의 분리독립을 위해 싸우고 있었다. 이들 부부가 모두 알바니아 사람들이었기 때문이다. 니콜라는 이 분리독립 운동을 위해 베오그라드에서 열린 중요한 집회에 참가하러 갔다가 거의 죽다시피 되어 돌아왔다. 피를 토하는 그를 병원에 데리고 갔으나 의사들도 더 이상 손을 쓸 수가 없었다.

스코페의 초등학교 시절 크리스마스 이브에 연극을 마치고 어린이들과 함께 사진을 찍은 아그네스 곤자(화살표).

스코페에서 친구들과 함께.

그리스 북쪽의 국경과 맞닿은 마케도니아는 오랫동안 갈등과 분쟁의 땅이었다. 500년 이상 오스만 투르크의 지배를 받아 온 마케도니아 북쪽의 스코페 지역은 1991년 유고슬라비아가 해체되기 전까지 유고슬라비아 연방국에 속해 있었다. 유고슬라비아 연방은 세르비아 인, 크로아티아 인, 슬로베니아 인들이 주축을 이루고, 헝가리 인, 알바니아 인이 소수민족으로 결합되어 이루어진 나라였다. 2개의 문자, 3가지 종교, 4종류의 언어, 5개의 민족, 6개의 공화국으로 이루어진 복잡한 이 나라는 강대국의 이해관계까지 얽혀 충돌이 끊이지 않았다. 마케도니아 스코페의 비극적인 역사에 아그네스 곤자의 아버지가 희생된 셈이었다.

아버지가 갑자기 죽고 가족들에게 남은 건 고작 집 한 채뿐이었다. 아버지와 함께 사업을 하던 사람이 재산을 빼돌렸기 때문이다. 하지만 어머니는 슬픔을 딛고 일어서 자수 제품을 파는 가게를 열었고, 물건이 잘 팔리자 카페트 사업에까지 확장하여 성공을 거두었다. 어려움에 부딪쳐도 좌절하지 않고 스스로 길을 열어 나가는 어머니의 강인한 모습은 9살의 아그네스에게 깊은 인상을 남겼다.

아그네스와 오빠, 언니는 그곳 교회에서 운영하는 부속 초등학교를 마치고 공립 중등학교인 김나지움에 들어갔다. 아그네스는 깔끔하고 착실한 학생이었다. 아그네스의 가족들은 알바니아 인들이 다

스코페의 성심학교에서 다른 학생들과 함께(화살표).

친구들과 함께 네레지미아에 여행 가서 언니(파라솔을 든 사람)와 함께(뒷줄 오른쪽).

니는 성심(성심) 교구의 성당을 다녔는데, 아그네스는 학교생활 못지않게 신앙생활도 열심히 했다. 스코페 근처에 있던 세르나고레 성모마리아 성지의 순례에 자주 참가했던 아그네스의 마음속에는 장래수녀가 되겠다는 희망이 싹트고 있었다. 그리고 아그네스가 12살이던 무렵, 수녀가 되고 싶다는 생각을 처음 품게 된다.

1925년 예수회 소속의 얌브렌코비치(Jambrenkovic) 신부가 교구(가톨릭교회를 지역별로 구분하는 기본단위) 주임신부로 부임했다. 신부는 교구에 도서관을 만들어 고전 문학 작품들을 가져다 놓았는데, 어머니가 걱정할 정도로 아그네스는 책을 읽는 데 열중했다. 얌브렌코비치 신부는 또 예수회 신부들의 선교활동과 성모신심회(예수회에서 만든 단체)에 대해 자세히 알려 주었다. 그중에서도 1924년 인도 벵갈 지방으로 파견된 예수회 신부들의 활동은 감동적이었다. 아그네스 곤자는 인도에서 아이들을 위해 헌신하는 자신의 모습을 아름답게 그려 보았다고 훗날 회고했다.

수녀가 되고 싶다는 소망을 갖기 시작한 것은 12살 때였지만 그 후 6년 동안 결정을 내리지 못하고 마음에 담아 두고 있었다. 성스러운 부르심을 받고 응답해야겠다는 생각으로 여러 차례 성모마리아 성지를 찾아 조용히 기도를 드리던 아그네스는 1928년 8월 15일 성모승천 대축일(성모마리아가 하느님의 부름을 받아 승천한 일, 즉 성모승천을 기념하는 날)을 맞아 세르나고레의 성모상을 다시 찾아갔다. 자신의 소명(사람이 하느님의 일을 하도록 하느님의 부름을 받는 일)이 진실된 것인지를 묻기 위해서였다. 아그네스는 홀로 손에 촛불을 들고 기도하며 수도자가 되어 하느님께 자신의 삶을 바치기로 결심했다. 그 순간 아그네스는 마음속에 기쁨이 넘쳐흐르는 것을 느꼈

오빠 라자르와 함께(맨 오른쪽이 아그네스).

다. 마음속 깊은 곳에서 느끼는 기쁨은 삶의 방향을 가리키는 나침반과 같은 것으로, 설령 그 길이 고난으로 가득 찬 길일지라도 그 길을 걸어가야 했다. 넘치는 기쁨은 하느님과 이웃을 위해 봉사하는 것이 아그네스에게 주어진 소명이라는 증거였다.

깊은 인상을 남겼던 벵갈의 선교사들처럼 인도에서 그리스도를 섬기기로 마음먹은 아그네스는 로레토(Loreto) 수도회에 들어가기로 결심했다. 벵갈에 파견된 예수회 사제들이 이 수도회의 수녀들과 함께 그곳에서 활동하고 있다는 이야기를 들었기 때문이다. 아그네스가

자신의 결심을 어머니에게 말했을 때 어머니는 딸의 생각을 받아들이기가 힘들었다. 아그네스는 고작 18살이었고, 수도자가 된다는 것은 기약 없는 이별을 뜻했기 때문이다. 어머니는 방에 들어가 문을 닫고는 꼬박 하루를 밖에 나오지 않았다. 방에서 나온 어머니는 "너의 손을 하느님에게 맡기고 그분과 함께 그 길을 끝까지 걸어가라"라고 말하며 딸을 격려했다. 그리고 온 마음을 다해 일하지 않는다면 아예 시작할 생각조차 하지 말라고 말하기도 했다.

1928년 9월 26일, 아그네스는 친구들의 전송을 받으며 스코페를 떠나 자그레브로 향했다. 자그레브에서 가족들과 며칠을 보낸 아그네스는 자그레브 역에서 어머니와 헤어졌다. 이때 손을 흔들던 어머니의 모습이 아그네스가 본 어머니의 마지막 모습이었다. 이렇게 어머니와 마지막으로 작별한 이후 아그네스는 끝내 다시는 어머니를 만나지 못했다. 그 오랜 세월 외롭고 어려울 때 얼마나 어머니가 보고 싶었을까? 그러나 마더 테레사는 40년 뒤 영국 BBC 방송의 저널리스트 맬컴 머거리지(Malcolm Muggeridge)와 가진 인터뷰에서 자신의 옛날 이야기는 하지 않으려고 했다. 수녀회에서 하고 있는 일이 중요하지 개인적인 이야기는 아무것도 아니라는 것이었다. 마더 테레사는 이날 여러 질문을 받았는데, 18살에 수녀가 되겠다고 결심한 이래 봉사하는 고된 삶에 대해 의문을 품은 적이 없느냐는 물음에 "단 1초

아일랜드의 로레토 수도원으로 떠나기 직전의 아그네스(1928).

도 그런 적이 없다"면서 이렇게 대답했다. "누구도 빼앗을 수 없는 기쁨이었습니다. 의문을 갖거나 불행하다고 생각했던 적은 한 번도 없었습니다."

2. 수녀의 길

아일랜드 더블린에 있는 로레토 수도원은 가난한 사람들에게 봉사하고 여성들을 교육시키는 것을 목적으로 설립되었다. 아그네스는 1928년 10월 12일 입회 지원자로서 로레토 수도원에 들어갔다. 아그네스는 수도원(수사나 수녀가 일정한 규율 아래 공동생활을 하면서 수행하는 곳) 본원에 머물며 영어와 수도회의 회헌(수도회의 구체적 생활지침) 및 규칙을 배웠다. 그러고 나서 본격적으로 수련을 받기 위해 1928년 12월 1일 선교의 땅 인도로 파견되었다. 긴 여행 끝에 1929년 1월 6일 콜카타(캘커타의 현재 이름)에 노착한 아스네스는 곧 그곳에서 640km 떨어진 다르질링(Darjeeling)으로 보내졌다. 그곳의 수련생활은 꽉 짜인 시간표에 따라 진행되었다. 함께 수련생활을 한 동료 수녀에 따르면 아그네스는 아주 단순한 사람이었다고 한다. 꿈속에서도 영어 공부를 할 만큼 성실했던 아그네스는 벵골 어와 힌두 어도 열심히 공부해 나중에는 벵골 어를 능숙하게 사용할 수 있게 되었다.

  2년 동안의 수련기간이 끝나자 아그네스는 1931년 5월 25일 첫 서원('하느님 앞에서 맹세하여 소원을 세우다'는 뜻)을 하고 수녀가 되었다. 수도자[수사(남자) 또는 수녀(여자)를 이르는 말]들은 특히 본받고 싶어

하는 성인(가톨릭교회에서 신앙의 모범으로 공경하도록 공식 선언된 인물)의 이름을 따 수도명(수도자에게 새로 주는 이름으로, 본받고 싶은 성인의 이름을 따서 짓는다)을 정하는데, 아그네스는 예수 아기의 성녀로 알려진 리지외(Lisieux)의 테레사(프랑스 리지외 출신의 '소화 테레사')를 따 수도명을 테레사로 정했다. 그런데 수도원에는 테레사라는 수도명을 정한 다른 수녀가 있었으므로 두 사람을 구별하기 위해 아그네스를 '벵골의 테레사'라고 불렀다. 아그네스가 아주 유창하게 벵골어를 구사하기 때문이었다.

수련을 끝내고 서원을 마친 테레사 수녀는 다르질링에서 콜카타시 동쪽에 있는 엔탈리(Entally) 지역으로 파견되었다. 엔탈리에는 잘 가꿔진 정원과 고전적 건물이 들어선 아름다운 로레토 수도원이 있었다. 수도원은 로레토 엔탈리 학교와 함께 성 마리아(St. Maria) 학교, 그리고 고아원도 운영하고 있었다. 중등 교육기관인 로레토 엔탈리 학교는 수업료를 낼 수 있는 여유가 있는 학생들이 대부분이었고, 성 마리아 학교는 엔탈리 학교보다는 작은 규모의 중등 교육기관으로 다양한 계층의 소녀들이 다니고 있었다. 고아원은 종교나 종파를 가리지 않고 모든 어린이들을 받아들여 훗날 300명 정도의 아이들을 수용할 만큼 커졌다. 테레사 수녀는 성 마리아 학교에서 17년 동안 지리와 역사 그리고 가톨릭 교리를 가르쳤다. 테레사 수녀는 가르치

다르질링에서 수련수녀 시절의 테레사 수녀(왼쪽, 1929). 테레사 수녀의 가족이 인도에 있는 테레사 수녀에게서 처음 받은 사진이다.

는 것을 좋아했다. 동료 수녀들에 따르면, 테레사 수녀는 사물을 단순 명쾌하게 보고 유머를 즐기는 긍정적인 사람이었다고 한다.

로레토 수도원에서 지내던 테레사 수녀는 가장 행복한 수녀 중 한 사람이었다. 하지만 수녀원 밖을 조금만 벗어나면 세상은 온통 가난한 사람들로 가득했다. 1936년 테레사 수녀는 성 테레사 학교에도 파견되었는데, 그 학교에 가려면 시끄럽고 더러운 빈민가를 지나가야 했다. 그곳은 고약한 냄새가 코를 찔렀고, 질병이 그칠 날이 없었다. 빈민가의 어린이들은 너무나도 비참한 생활을 하고 있었다. 이 지역에 있는 가톨릭교회 사제 줄리앙 앙리 신부의 지도 아래 성모신심회의 소녀들이 가난한 사람들에게 구호활동을 하고 있었으나 테레사 수녀는 이 활동을 함께할 수 없었다. 봉쇄생활을 원칙으로 하는 로레토 수도원의 규칙에 따라 수도원을 자유롭게 떠날 수 없었기 때문이었다.

1937년 5월 25일, 첫 서원을 한 지 6년 만에 테레사 수녀는 종신서원(남은 생애를 수도자로 살기로 약속하고 맹세하는 의식)을 했다. 그리고 그로부터 7년 뒤인 1944년에는 전임 교장 마더 드 세나크르의 뒤를 이어 성 마리아 학교의 교장이 되었다. '자기'라는 것이 거의 없이 순명하며 수도생활을 하던 테레사 수녀는 교장이 되던 해 신앙생활에 큰 도움과 영향을 준 판 엑셈(Van Exem) 신부를 처음 만났다. 그 후 판

첫 서원을 마치고 엔탈리의 로레토 수도원에서(뒷줄 맨 오른쪽).

프랜시스 마이클 수녀와 함께 소풍을 즐기는 테레사 수녀(오른쪽).

엔탈리에 있는 로레토 수도원의 정문(위)과 수도원 내부의 모습(아래).

엑셈 신부는 테레사 수녀의 영적 지도자가 되어 테레사 수녀가 어려움에 처했을 때마다 도와주고 격려해 줌으로써 '사랑의 선교회'에 중요한 공헌을 하게 된다.

3. 가난한 사람들 속으로

고요하고 평화로웠던 테레사 수녀의 수도생활도 2차 세계대전이 일어나자 격동을 피할 수 없게 되었다. 콜카타에는 영국군 작전본부가 들어섰고, 엔탈리에 있는 로레토 수도원도 영국의 야전병원으로 쓰이게 되었다. 전쟁이 시작되고 얼마 안 있어 대기근이 인도를 덮쳤다. 물가가 치솟고 암시장과 고리대금이 판을 쳤다. 식량을 구하기 위해 땅을 팔아 치운 농민들은 일터를 찾아 콜카타로 쏟아져 들어왔으나 정부는 아무것도 해 줄 수 없었다. 굶어 죽은 사람이 수백만 명에 이르렀고, 도시의 도로는 집 없는 사람들로 넘쳐 났다. 수많은 사람들이 길 위에서 살고 길 위에서 죽어 갔다.

    1945년 여름, 2차 세계대전이 막을 내렸으나 1946년 콜카타는 처참한 비극을 겪지 않으면 안 되었다. 힌두교도와 이슬람교도들 사이에 충돌이 일어났기 때문이다. 전인도무슬림연맹이 1946년 8월 16일을 '직접 행동의 날'로 선언한 가운데, 충돌을 피하고자 이날을 휴일로 지정한 것이 오히려 불을 붙여 '직접 행동의 날'은 '집단 폭동의 날'이 되고 말았다. 폭동은 광란 상태에 빠져 무려 4일 동안 계속되었다. 콜카타는 피로 물들었고, 무자비한 파괴로 도시는 마비되었다. 이

1946년, 힌두교도와 이슬람교도들 사이에 일어난 유혈 충돌로 거리에 쓰러져 있는 사람들. 이 사태로 콜카타는 시 전체가 마비되어 식량의 반입이 막혀 버렸다.

충돌로 약 6,000명이 목숨을 잃었다. 외출이 금지됐지만 먹을 것이 없는 300명의 기숙사 학생들을 위해 테레사 수녀는 위험을 무릅쓰고 학교를 나섰다. 병사들이 테레사 수녀를 가로막았지만 학생들의 사정을 듣고 나자 쌀을 가져다주었다.

결국 인도는 영국의 지배에서 벗어나 독립국가가 되었으나 종교 때문에 나라가 둘로 나뉘고 말았다. 이슬람교도들이 파키스탄이라는 나라를 세우면서 벵골 주도 인도와 파키스탄으로 나뉘게 되었던 것이다. 종교를 따라 사상최대의 인구이동이 시작되었다. 이동한 사람들의 수가 600만 명에 이르렀고, 서뱅골의 주도인 콜카타에는 난민들이 흘러넘쳤다. 조잡한 판잣집들이 거리를 메웠고, 시 당국의 원조는 거의 도움이 되지 않았다. 수도원 밖의 참상과 고통을 알고 있던 테레사 수녀는 괴로워했다.

1946년 9월 10일, 건강이 좋지 않았던 테레사 수녀는 피정(일상생활에서 벗어나 성당이나 수도원 같은 곳에서 묵상이나 기도를 통하여 자신을 살피는 일)을 하기 위해 다르질링으로 가는 기차를 탔다. 기차 안에서 테레사 수녀는 '하느님이 부르시는 소리'를 들었다. 이 '부르심'은 단순하고도 명료했다. 로레토 수도원을 떠나 모든 것을 버리고 하느님을 따라 가난한 사람들 속으로 들어가야 한다는 것이었다. 가난한 사람들 가운데서도 가장 가난한 사람들 속으로 들어가 하느님을 섬겨야 한다는 것이었다. 수녀가 되어 하느님을 섬기라는 첫 번째 소명에 이어 두 번째 소명이었다.

'부르심 속의 부르심'을 받은 테레사 수녀는 자신의 영적 지도자인 판 엑셈 신부를 찾아가 이야기를 나누었다. 두 번째 소명에 대한 생각을 적은 테레사 수녀의 글을 읽은 판 엑셈 신부는 그것이 진짜 하느님의 소명이라는 것을 알 수 있었다. 테레사 수녀는 분명히 하느님의 부르심을 들었고, 그것이 자신의 사명이라는 것을 처음부터 확신하고

다르질링으로 가는 기차. 이 기차 안에서 테레사 수녀는 '가난한 사람들 가운데에서도 가장 가난한 사람들을 위해 봉사하라'는 하느님의 부르심을 들었다.

있었다. 하지만 판 엑셈 신부는 테레사 수녀가 로레타 수도원을 떠나는 것이 쉽지 않다는 것도 알고 있었다. 정말 수도원을 떠나겠다는 결심 자체도 어려웠지만 교회와 수도원의 허락을 받는 것이 가장 큰 문제였다. 더구나 테레사 수녀가 떠나는 이유가 궁극적으로 새로운 수도회의 창립을 의미하는 것이었기에 문제가 복잡했다.

테레사 수녀는 판 엑셈 신부의 조언에 따라 콜카타 대주교인 페리에 대주교에게 상의하기로 했고, 판 엑셈 신부는 페리에 대주교를 찾아가 이 문제를 논의했다. 페리에 대주교는 난색을 표했다. 정치적, 종교적 대립과 긴장이 계속되는 콜카타는 유럽에서 온 수녀가 혼자서 활동하기에 너무 위험하다는 것이 그의 생각이었다. 하지만 성 테레사 교회의 줄리앙 앙리 신부는 대찬성이었다. 성모신심회와 함께 빈민구호활동을 펼치고 있던 줄리앙 앙리 신부는 수녀 하나가 수도원을 나와 가난한 사람들을 돕고 싶어 한다는 이야기를 듣고 그 주인공이 테레사 수녀인지도 모른 채 그 수녀를 위해 기도를 드릴 정도였다.

테레사 수녀의 계획이 성공을 거둘 수 있을지에 대해 심사숙고한 페리에 대주교는 1947년 마침내 아일랜드의 로레토 수도회의 총장에게 편지를 쓰라는 허락을 테레사 수녀에게 내렸다. 그리고 로레타 수도원을 떠날 수 있게 허락해 달라는 내용의 편지를 써서 보내기 전에 자기에게 보여 줄 것도 주문했다. 임시로 당분간만 슬럼가에서 지

마더 테레사의 영적 지도자인 판 엑셈 신부. 판 엑셈 신부는 '사랑의 선교회' 창립 당시부터 중요한 고비 때마다 마더 테레사를 헌신적으로 도와 오늘날의 '사랑의 선교회'를 있게 하는 데 크게 이바지했다.

내며 수녀로서 봉사활동을 할 수 있게 해 달라는 테레사 수녀의 편지를 읽은 페리에 대주교는 '임시 허가'라는 말 대신에 '환속(종신서원을 한 성직자가 아닌 보통 사람이 되는 것)'이라는 말을 쓸 것을 지시했다. 그러나 수녀가 아닌 일반인으로서 봉사하는 것은 테레사 수녀가 원하던 일이 아니었다.

판 엑셈 신부는 이의를 제기했으나 페리에 대주교는 의견을 굽히지 않았다. 결국 대주교의 뜻대로 '환속'으로 말을 바꾸어 편지를 썼고, 아일랜드의 로레토 수도원에서 답장이 왔다. 이 편지엔 테레사 수녀의 청원을 대부분 인정한다는 내용과 함께 뜻밖에도 로마에 허가를 구하는 편지를 쓸 때는 '환속'이 아닌 '수도원 외 임시 거주 허가원'을 보내도록 하라는 조언이 담겨 있었다. 그런데 페리에 대주교의 생각은 변하지 않았다. 그러나 '환속'이라고 쓰지 않으면 로마에 편지를 보낼 수 없다던 페리에 대주교는 다만 로레타 수도원장이 허락했으니 테레사 수녀가 정 원한다면 '수도원 외 임시 거주'라는 말을 사용해도 좋다고 했다. 테레사 수녀는 이번에도 페리에 대주교의 의견을 받아들여 '환속'이라는 말을 편지에 써서 로마에 보냈다.

 1948년 7월, 페리에 대주교가 판 엑셈 신부를 불러 교황청의 답장을 전했다. 로마는 테레사 '수녀의 수도원 외 임시 거주'를 허락했다. 수녀 신분으로 수도원 밖에서 일할 수 있는 허락을 받은 것이다. 다만 수도원 밖의 활동은 1년으로 한정한다는 조건이 덧붙여져 있었다. 판 엑셈 신부는 여느 때처럼 미사를 집전하고 테레사 수녀를 불러 교황청에서 보내온 기쁜 소식을 들려주었다. 그동안 비밀에 부쳐졌던 테레사 수녀의 소식은 엔탈리 수도원뿐만 아니라 콜카타 가톨릭 관계자들 사이에 퍼져 나갔다.

 1948년 8월 17일 밤, 테레사 수녀는 새 수도복에 축복을 해 달라고 판 엑셈 신부에게 청했다. 수도복은 물빛 푸른 줄이 그어진 흰색 사리

(인도인들이 즐겨 입는 옷) 3벌이었다. 판 엑셈 신부는 빈민가에서 일하려면 기본적인 의학 지식을 익힐 필요가 있다고 조언하고 파트나(Patna)에 있는 '의료 선교 수녀회(Medical Mission Sisters)'에 편지를 써서 훈련을 받을 수 있도록 해 주었다. 8월 17일 고요한 밤, 새 수도복을 입은 테레사 수녀는 '하느님의 사업을 위해' 아주 조용히 수도원을 나섰다. 조그맣지만 위대한 첫 발걸음이었다.

4. 가난한 어린이들에게 학교를

로레토 수도원을 떠난 테레사 수녀는 그 길로 갠지스 강가의 고도(古都) 파트나로 갔다. '의료 선교 수녀회'에서 수련하며 가난한 사람들을 돕기 위해서 반드시 필요한 의학 지식과 치료 경험을 쌓기 위해서였다. 수녀회가 운영하는 성가족 병원(Holy Family Hospital)에서 테레사 수녀는 주사 놓는 법, 의약품 취급법, 치료나 수술을 돕는 법, 응급 처치법, 출산을 돕는 법 등을 의욕적으로 배웠다. 그곳에서 훌륭한 조언자들을 여럿 만났는데, 의료 선교 수녀회를 창립한 마더 덴겔(Mother Dengel)은 그중 한 사람이었다. 테레사 수녀는 가장 가난한 사람들과 함께하려면 그들을 돕는 수녀회의 수녀들 또한 가장 보잘것없는 식사를 해야 한다는 이상을 품고 있었는데, 마더 덴겔은 테레사 수녀에게 다음과 같이 말했다.

"극빈자들은 거의 아무 일도 못 하고 병들어 일찍 죽습니다. 수녀님은 함께 일하는 젊은 수녀들이 그들과 똑같은 운명에 놓여야 한다고 보십니까? 아니면 건강한 몸으로 그리스도를 위해 일하는 것이 바람직하다고 보십니까? 그들은 비위생적인 곳에서 병자들과 함께 있어야 합니다. 질병을 이겨 내려면 잘 먹어야 합니다."

테레사 수녀는 이 충고를 겸허하게 받아들였다. 마더 테레사의 '사랑의 선교회' 수녀들은 창립 당시부터 오늘날까지 간단하지만 영양가 있는 식사를 함으로써 활기차게 일할 수 있었다.

파트나에서 약 4달 동안 수련을 마친 테레사 수녀는 1948년 12월 초 콜카타로 돌아와 당분간 '가난한 사람의 작은 자매회'에 머물며 그곳에서 운영하는 '성 요셉의 집(St. Joseph's Home)'을 돕기로 했다. 성 요셉의 집에서 지내는 약 200명의 의지할 곳 없는 노인들을 돌보고, 그들의 비참한 삶과 고통을 보고 느낀 테레사 수녀는 로레타 수도원의 안락한 생활로 돌아가고 싶은 유혹도 느꼈다. 하지만 곧 하느님께 다시 돌아갈 수 없음을 다짐하는 기도를 드렸다. 테레사 수녀가 머물던 집은 이제 더 이상 흘릴 눈물이 없어 울지 못하는 사람들의 집이었다.

테레사 수녀는 앞으로 일할 장소로 빈민가인 모티즈힐을 선택했다. 그곳 교구 사제인 줄리앙 앙리 신부는 콜카타 슬럼(빈민가)의 실정, 특히 모티즈힐의 사정을 잘 알고 있었다. 그곳 빈민가 한가운데에는 저수지라고 할 만큼 큰 웅덩이가 있었는데, 하수구의 더러운 물이 끊임없이 흘러드는 그 웅덩이의 물을 주민들은 마시기도 하고 그 물

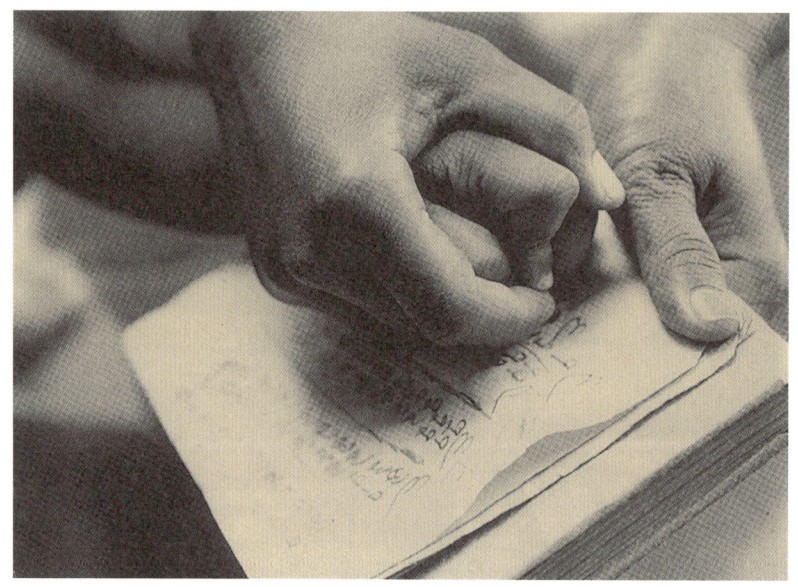
몽당연필을 든 어린이의 손을 잡고 글씨 쓰는 것을 도와주는 모습.

로 빨래를 하기도 했다. 웅덩이 근처에는 산더미 같은 쓰레기가 내버려진 채 악취를 뿜어 내고 있었다. 그곳엔 진료소는 물론 약국도 학교도 없었다.

  빈민가에 발을 들여놓은 첫날 테레사 수녀는 지역 어른들에게 학교를 열겠다는 계획을 밝혔다. 어른들은 자녀들을 학교에 보내겠다고 약속했다. 모티즈힐을 찾은 둘째 날엔 이미 5명의 어린이들이 테레사 수녀를 기다리고 있었다. 테레사 수녀는 웅덩이 근처 나무 아래에서 자신이 세운 최초의 학교를 열었다. 칠판도 분필도 없었던 테레사 수녀는 조그만 나뭇가지로 땅바닥에 글자를 썼고, 어린이들이 허리를 굽혀 땅바닥을 들여다보았다. 그것이 학교의 시작이었다.

그 후 약 6개월 동안 테레사 수녀는 한꺼번에 몇 가지 일들을 의욕적으로 추진했다. 학교도 거의 같은 시기에 두 곳에 열었다. 다른 빈민가 틸잘라 지구의 빈민가에도 학교를 연 것이다. 모티즈힐에 처음 찾아갔을 때 1루피의 돈도 없었던 테레사 수녀는 뜻밖의 지원을 여러 차례 받을 수 있었다. 돈이 얼마간 모이자 적당한 장소를 찾아 방을 빌려 학교를 열었다. 학교를 시작한 지 약 일주일 만에 학생 수는 이미 28명에 이르렀다. 고맙게도 성 마리아 학교에서 교사 한 사람이 테레사 수녀를 돕기 위해 찾아와 주기도 했다. 그 후 3명의 교사가 돕고 싶다는 소식을 전해 왔고 학생 수도 56명으로 늘어났다. 테레사 수녀는 수업을 마치면 기부금을 얻으러 다녔다. 교회에 찾아가 기부금을 청했으나 사제로부터 냉혹한 대접을 받고 눈물을 흘리며 걸어 나온 적도 있었지만, 테레사 수녀는 하느님이 필요한 것을 해결해 주실 것이라는 믿음을 잃지 않았다. 인간에겐 미래를 좌우할 능력이 없고 오직 현재에만 행동할 수 있으니 미래 계획은 하느님께 맡겨야 한다고 생각했다.

테레사 수녀는 진료소도 열고 싶었다. 콜카타는 결핵과 나병(한센

씨병), 그리고 온갖 질병이 만연해 있었다. 테레사 수녀는 환자들을 병원에 데려다 주고 진료를 받게 했으나 환자가 너무 많아 모든 환자들이 진료 받는 것은 불가능했다. 매일 늘어나는 환자들을 위해 약국을 열고 싶어 의약품을 기부할 사람을 찾아다니기도 했다. 약은커녕 욕설을 듣기도 했지만 개의치 않았다. 마침내 진료소를 연 테레사 수녀는 슬럼에서 봉사에 전념할 사람들의 도움이 점점 더 절실해졌다. 모티즈힐에서 일을 시작한지 2~3주가 지났을 때 테레사 수녀의 활동을 의문의 눈으로 보는 사람들도 나타났다. 테레사 수녀를 걱정하던 로레토 수도원의 원장은 돌아오라고 권고하기도 했으나 그럴수록 달콤한 유혹에 빠지지 않기 위해 테레사 수녀는 자신의 결의를 더욱 굳게 다져 갔다.

5. '사랑의 선교회'의 탄생

임시 거처에서 모티즈힐과 틸잘라의 빈민가에 학교와 진료소를 열어 활동하던 테레사 수녀는 독자적 장소가 필요하다는 것을 갈수록 더 절실히 느꼈다. 같은 생각을 하고 있던 판 엑셈 신부는 앙리 신부에게 상의하고 적당한 집을 찾아 나섰다. 그러던 중 가톨릭 신자인 고메즈 형제의 집이 떠올랐다. 판 엑셈 신부의 제안을 고메즈 형제는 기쁘게 받아들였고, 테레사 수녀는 1949년 2월 28일 크리크 레인 14번지의 새집으로 이사했다. 이삿날 테레사 수녀가 가져온 짐은 조그만 가방 하나가 전부였다.

고메즈 형제 중 동생 마이클은 테레사 수녀를 성스러운 사람이라고 생각하고 도와주려 했다. 테레사 수녀가 자신의 음식을 종종 다른 사람에게 주고 자신은 식사를 하지 않는 것을 안 마이클은 테레사 수녀에게 식사를 제공하려 애썼다. 때로 테레사 수녀가 쌀을 보내 달라는 메모를 전해 오기도 했는데, 그것은 문 앞에서 기다리고 있는 가난한 이웃에게 주기 위해서였다. 도움을 주고자 하는 마이클과 그의 가족의 마음을 잘 알았기 때문에 테레사 수녀가 쌀값을 지불한 적은 없었다.

마더 테레사가 처음 활동을 시작한 크리크 레인 14번지의 방.

　마이클 고메즈는 테레사 수녀와 함께 가난한 병자들에게 줄 약을 구하러 다니기도 했다. 그날도 약품을 기부받기 위해 어느 약국을 찾아갔다. 기증받은 약을 들고 나왔을 때 비가 세차게 몰아치고 있었다. 전차 속에서 창밖을 내다보던 테레사 수녀는 비에 흠뻑 젖은 채 나무 아래 앉아 있는 남자를 보았다. 그를 도와야 하지 않겠냐고 테레사 수녀가 마이클에게 말했지만 전차가 정류장을 떠나는 중이라 내릴 수 없었다. 급히 나무 아래 남자에게 되돌아왔을 때 남자는 이미 숨이

끊어져 있었다. 얼굴은 물에 잠겨 있었다. 최후의 말을 들어 줄 사람도 없이 남자는 홀로 외롭게 죽어 갔다. 테레사 수녀는 그날 큰 슬픔을 느꼈다. 인간이 인간답게, 존엄을 잃지 않고 죽을 수 있는 그런 장소가 있다면……. 그날의 그 다짐이 테레사 수녀로 하여금 '죽어 가는 사람들의 집'을 만들게 했을 것이라고 마이클은 말했다.

크리크 레인으로 이사 온 지 3주가 지났을 때 최초의 협력자가 테레사 수녀를 찾아왔다. 훗날 아그네스라는 수도명을 갖게 된 스바시니 다스였다. 테레사 수녀가 성 마리아 학교에서 가르쳤던 제자였다. 혼자 외롭게 일하던 테레사 수녀는 함께 생활하면서 일할 첫 입회자이자 협력자를 맞아 큰 위로와 힘을 얻었다. 그로부터 며칠 뒤 또 한 사람의 협력자가 찾아왔다. 막딜레나 고메즈였다. 믹달레나 역시 성 마리아 학교의 제자였다. 키가 크고 사교적인 성격이었던 막달레나는 나중에 거트루드(젤뜨루다) 수녀가 되었다. 그 뒤 테레사 수녀와 뜻을 같이하는 자매들의 수는 점점 늘어나 마침내 10명이 되었다. 거의 성 마리아 학교 제자들이었는데, 초기 지원자 가운데 2명은 자신들의 소명에 확신을 갖지 못해 훗날 떠나기도 했다.

테레사 수녀와 자매들은 가난한 사람들에게 먹을 것을 나눠 주기 위해 빈 깡통을 들고 도움을 호소하며 식량을 구하러 다녔다. 판 엑셈 신부와 앙리 신부도 미사에서 도움을 호소했고, 신자들의 조직인 레지오 마리애 회원들이 한 집 한 집 돌아다니며 쌀을 모아 오기도 했다. 테레사 수녀는 음식을 얻고 도움을 청하러 다니는 일을 가리지 않고 했는데, 마이클 고메즈는 테레사 수녀의 모습을 다음과 같이 회상했다.

"테레사 수녀님은 아침 8시 전에 탁발(남에게 먹을 음식이나 양식을 구하러 다니는 일)하러 나가 오후 5시에 돌아오곤 했는데, 그날은 놀랍게도 밀가루와 쌀자루가 쌓여 있는 트럭의 짐칸에 앉아 돌아오셨습니다. 물건을 도둑맞는 일이 종종 있었으므로 자신이 직접 역까지 가서 받아 가지고 온 것이었습니다. 수녀님을 비판하는 소리가 때때로 들려왔습니다. 자매들의 활동을 관리하지 않는다든지 기부를 받고 감사장을 보내지 않는다든지 하는 것이었지요. 그런 소리를 들을 때마다 그날 화물차 짐칸에 혼자 외롭게 앉아 있던 수녀님을 떠올리지 않을 수 없었습니다."

테레사 수녀의 활동을 주의 깊게 보고 있던 페리에 주교는 1년으로 정했던 기한이 가까워 옴에 따라 테레사 수녀를 로레타 수도원으로 돌려보낼 것인지, 아니면 콜카타 대교구 산하의 새로운 수도회로 인가하든지 결정해야만 했다. 그래서 판 엑셈 신부와 자주 만나 이 문제를 논의했다. 그리고 1950년 초 페리에 주교는 테레사 수녀가 이끄는 사람들의 활동을 승인하여 수도회를 새로 만드는 것을 허락했다.

정식 수도회에는 회헌이 필요했으므로 테레사 수녀와 판 엑셈 신부는 회헌의 기초를 마련했다. 회헌에서 가장 중요한 것은 다르질링으로 가는 기차 안에서 들은 하느님의 '부르심'이었다. 그러므로 이를 따르는 수도회의 목적은 가난한 사람들 가운데서도 가장 가난한 사람들에게 마음을 다해 봉사하는 것이었다. 그것이 십자가 위에 계신 예수님의 한없는 갈증을 풀어 드리는 것이었다. 마더 테레사는 수도회의 이름을 '사랑의 선교회(Missionaries of Charity)'로 정하고 275조의 회헌을 정했다.

마더 테레사가 말하는 가난한 사람은 누구이며 그들에게 봉사하는 것이 왜 그토록 중요한 것일까? 그들을 돌보는 것이 왜 그리스도를 섬기는 것일까? 이 질문에 대해 테레사 수녀는 이렇게 말했다.

"먹지 못해 굶주린 사람뿐만 아니라 사랑에 목마른 사람, 인간의 존엄을 박탈당한 사람, 어느 누구도 원하지 않는 사람, 태어나지 않은 아이, 가난하게 죽어 가는 사람, 몸뿐만 아니라 마음과 영혼이 갇힌 사람, 삶의 희망과 신앙을 모두 잃어버린 사람…… 이들 모두가 가난한 사람들입니다."

테레사 수녀는 가난한 사람들을 거룩한 사람이라고 부르며 우리가 그들을 사랑해야 하는 이유는 그들이 불쌍하기 때문이 아니라 그들이 가난한 사람의 모습을 하고 있는 예수님이기 때문이라고 했다. 빵이나 음식에 대한 가난한 사람들의 굶주림은 물론 사랑받고자 하는 갈망을 채워 주어야 한다고 했다. 오늘날 가장 큰 병은 결핵과 나병과 같은 육체적 병이 아니라 다른 사람으로부터 사랑받지 못하고 남이 필요로 하지도 않으며 보살핌을 받지 못하는 것이라고도 했다.

  1950년 10월 7일, 사랑의 선교회에 대한 로마 교황청의 인가가 나왔다. 테레사 수녀가 로레토 수도원을 떠난 지 2년 2개월 만이었다. 총장을 마더(Mother)로 부르기로 한 사랑의 선교회 회헌에 따라 테레사 수녀는 마더 테레사가 되었다. 이날 스바시니 다스는 아그네스(Agnes) 수녀로, 막달레나 고메즈는 거트루드(Gertrude) 수녀가 되었다.

6. 죽어 가는 사람들의 집(니르말 흐리다이)

캠프벨(Campbell) 병원 근처 길가 나무 아래서 홀로 외롭게 죽어 가는 남자를 본 마더 테레사는 경찰 당국자를 찾아가 비참한 실정을 호소했고, 그 일이 결국 '죽어 가는 사람들의 집'을 열게 된 계기가 되었다. 쓰러진 짐승처럼 길 위에서 죽어 가는 사람을 본 것은 사실 그것이 처음은 아니었다. 그런 사람들은 도시 곳곳에 있었다. 택시를 불러 이 병원 저 병원으로 죽어 가는 환자를 싣고 돌아다닌 적도 있고, 택시가 병자 운반을 거절한 때도 있었다.

어느 날 마더 테레사는 시궁창에서 한 남자를 발견해 그를 데려와 돌봐 주었다. 그는 그동안 거리에서 짐승처럼 살았다고 했다. 그는 사랑받고 보호받으니 천사처럼 죽을 수 있을 것 같다며 미소를 띠고 편안히 숨을 거두었다. 마더 테레사는 하느님이 만드신 사람을 비참하게 죽도록 내버려 두어서는 안 되겠다고 다짐했다. 모티즈힐의 방은 거리에서 데려온 사람들로 이내 꽉 차 버려 마더 테레사는 새로운 장소를 찾기 시작했다. 시 당국에 도움을 청하기도 했다. 그때 벵골 주 보건담당 장관으로부터 콜카타 시 칼리(Kali) 신전 옆에 있는 순례자들의 숙소를 추천받았다. 마더 테레사는 그곳이 힌두교인들의 신앙과 예배의 장소라는 것을 알고 있었으나, 기꺼이 제안을 받아들였다. 그리하여 1952년 '죽어 가는 사람들의 집'이 그곳에서 본격적으로 시작되었다. 수녀들은 길거리에서 병자를 데려와 몸을 씻겨 주고 치료하고 먹을 것을 주었다.

그곳엔 카스트 제도도 인종도 종파도 없었다. 버림받은 길거리의 사람들, 병원에서 받아 주지 않는 사람들이 있을 뿐이었다. 마더 테레사는 이 집을 '니르말 흐리다이(Nirmal Hriday)', 즉 성모의 순결한 마음의 장소(Place of Pure Heart)로 이름 지었고, 사람들은 '죽어 가는 사람들의 집(Home for the dying destitutes)' 또는 니르말 흐리다이로 불렀다.

사람들이 오면 우선 몸부터 씻기는데, 상태가 너무 안 좋을 때는 바로 침대로 데려가 링거주사를 맞게 했다. 심하게 몸이 부패된 사람, 구더기가 있는 상처를 지닌 사람, 설사를 하는 사람, 결핵 환자, 피를 흘리는 사람 등 이곳에 들어오는 사람들은 그야말로 다양했다. 어떤 이들은 침대에 눕히자마자 죽기도 했지만 몸이 완쾌되어 길거리로 돌아가는 사람도 있었다. 수녀들은 이름과 나이, 그리고 종교를 물어 침대 머리맡에 붙여 놓았는데, 세상을 떠나게 되면 종교에 맞는 예식을 치러 주기 위해서였다.

죽어 가는 사람들의 집이 문을 연 초기에는 수녀들이 온갖 정성

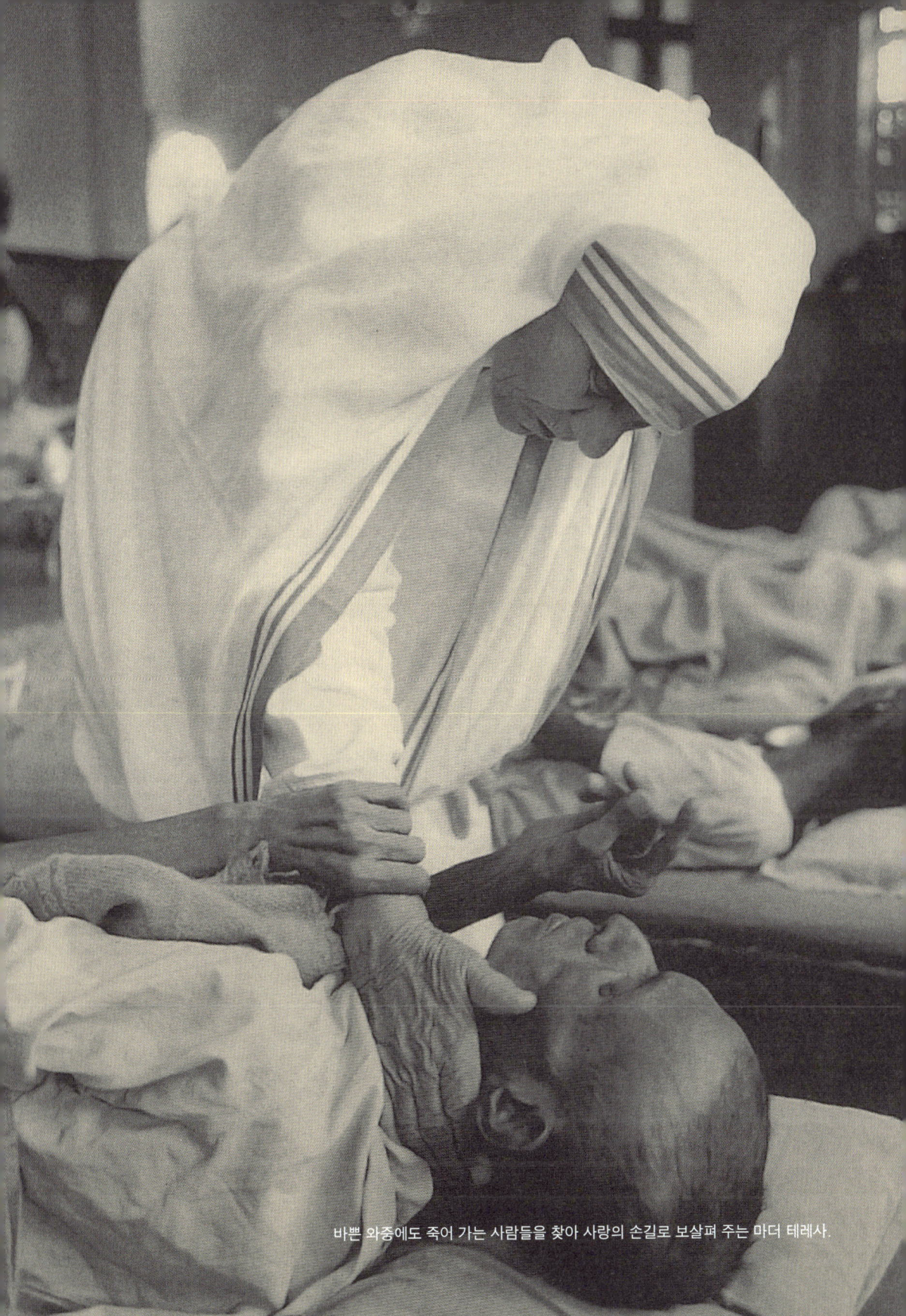

바쁜 와중에도 죽어 가는 사람들을 찾아 사랑의 손길로 보살펴 주는 마더 테레사.

1986년, '죽어 가는 사람들의 집'을 방문한 교황 요한 바오로 2세와 마더 테레사.

을 쏟아도 대부분의 사람들이 죽어 갔다. 하지만 1955~56년쯤에는 반 정도가 살아남았고, 나중에는 살아서 나가는 사람들의 숫자가 죽는 사람들보다 더 많아지게 되었다. 비참한 사람들에게서 그리스도를 보라는 마더 테레사의 말은 선교회 자매들에게 하나의 신앙이 되었다. 환자의 몸을 3시간 동안 씻어 준 부유한 집 출신의 자매는 이렇게 말했다. "사람들이 길에서 한 남자를 데려왔는데 온 몸에 구더기가 끓었습니다. 그 몸을 씻기는 건 참으로 어려운 일이었지만 저는 예수님의 몸을 씻기고 있다는 것을 깨달았습니다."

힌두교 신전의 장소를 빌려 쓰고 있던 탓에 '죽어 가는 사람들의 집'은 오해와 반대에 부딪히는 시련을 피할 수 없었다. 마더 테레사가 힌두교 중심지에서 힌두교도들을 그리스도교로 개종시키려 한다고 오해하고, 성스러운 신전을 죽어 가는 사람들로 더럽히고 있다는 비난을 받기도 했다. 적의를 품은 젊은 학생들이 떼 지어 몰려오고, 경찰 당국에 불평의 소리들을 늘어놓기도 했다. 하지만 일단 '죽어 가는 사람들의 집'에서 수녀들이 뼈만 남은 사람들을 돌보는 현장을 직접 보고, 체험하고 나면 대부분의 사람들은 적대감을 버리고 큰 감명을 받았다.

7. 마더 하우스

사랑의 선교회에 참가하는 자매들이 늘어나면서 크리크 레인에 있는 3층 방들은 매우 비좁아졌다. 옥상에도 방을 만들었지만 모자랐다. 판 엑셈 신부와 앙리 신부는 사정을 알고 집을 구하러 나섰다. 그러던 어느 날 한 남자가 선교회에 찾아와 팔려고 내놓은 적당한 건물이 있다고 알려 주었고 마더 테레사를 그 건물로 안내했다. 집주인은 마더 테레사가 하고 있는 일에 대한 이야기를 듣고 감동하여 거의 땅 값만 받는 정도로 싸게 팔았다. 마더 테레사는 건물을 사기 위해 교구로부터 12만 5천 루피(한화 225만 원)를 빌렸는데, 매달 1천~3천 루피씩 10년간 갚아 단 1루피도 빚지지 않았다.

1953년 2월, 사랑의 선교회의 자매 27명은 로우어 서큘러 가의 새로운 3층 집으로 이사하고, 이 집에 마더 하우스(Mother House, 母院)라는 이름을 붙였다. 이 건물은 그 뒤 선교회 활동의 중심이 되어 세계적으로 유명한 집이 되었다. 하지만 당시만 해도 이곳이 40년 뒤 세계 120여 개국 이상에서 활동을 벌이는 세계적인 조직의 중심이 되리라고는 아무도 생각하지 못했다.

마더 테레사와 자매들은 빠듯하게 정해진 일과 속에서도 기도 시

'사랑의 선교회'의 본부 마더 하우스.

간을 중요하게 지켰다. 마더 테레사는 다른 사람에 대한 사랑을 실천하고 봉사하는 힘의 원천을 침묵 가운데서 하는 기도에서 찾았다.

"침묵의 열매는 기도입니다. 기도의 열매는 믿음입니다. 믿음의 열매는 사랑입니다. 사랑의 열매는 봉사입니다."

사랑의 선교회 수녀들은 가난한 사람들과 마찬가지로 가난하고 검소하게 사는 것을 원칙으로 삼았다. 3벌의 사리와 튼튼한 신발, 조그만 십자가, 묵주, 금속으로 만든 접시가 그들이 가진 것의 전부였다. 험한 일을 하는 탓에 수녀들의 사리는 언제나 해어져 있었다. 수녀들은 가까운 곳은 반드시 걸어다녔고 먼 곳을 갈 때만 대중교통을 이용했다. 홍차 한 잔이라도 대접받는 것을 거절했다. 가난한 사람들은 그런 대접을 받지 못했기 때문이었다.

마더 테레사는 아이가 8명이나 되는 힌두교 가정이 굶고 있다는 소식을 듣고 그 집을 찾아가 쌀을 전해 준 적이 있다. 아이들의 얼굴은 배를 주린 기색이 역력했다. 그런데 쌀을 받은 아이 엄마가 그 쌀의 절반을 과감히 덜어 내더니 밖으로 나가 버렸다. 아이들의 엄마가 돌아오자 마더 테레사가 어디 다녀오느냐고 물었다. 그러자 그 엄마는 "그들 역시 굶고 있답니다"라고 대답했다. 자기 자식들이 배고픔에 허덕이는데도 아이들의 엄마는 이웃과 쌀을 나누었던 것이다.

　마더 테레사는 가난한 사람들 가운데서 이처럼 고귀한 인간성을 보았으며 가난의 의미를 되새겨 보게 되었다. 가난은 결핍이자 고통이지만 하느님의 축복이 될 수도 있다는 것을 마더 테레사는 깨달았다. 가난은 사람을 겸허하게 하고 하느님께 더 가까이 다가가게 한다고 생각했다. 영혼이라는 측면에서 볼 때는 물질적으로 가진 것이 많을수록 줄 수 있는 것은 적었다. 가난은 물질에 얽매이지 않는 자유를 주어 하느님께로 향하는 장애물을 적게 가지게 한다고 마더 테레사는 말했다.

8. 때 묻지 않은 어린이들의 집 (시슈 브하반)

'죽어 가는 사람들을 위한 집'을 연 뒤 마더 테레사는 의지할 곳 없는 어린이들을 위한 집도 반드시 필요하다고 느꼈다. 부모가 세상을 떠나 의지할 곳 없는 아이들, 장애를 가진 아이들, 회복하기 어려운 병에 걸려 아무도 돌봐 주지 않는 아이들이 집 없이 떠돌고 비참하게 죽어 가는 모습을 마더 테레사는 자주 보았다. 그래서 1955년 사랑의 선교회 본부에서 멀지 않은 곳에 '니르말라 시슈 브하반'(Nirmala Shishu Bhavan, '때 묻지 않은 어린이들의 집'이라는 뜻)을 열었다. '죽어 가는 사람들을 위한 집'을 연 지 3년 만이었다.

바피는 난치병을 지닌 채 태어났다. 남편이 죽고 난 뒤 병든 아들을 혼자 돌볼 수 없었던 아이 엄마는 4살 쯤 된 바피를 데리고 시슈 브하반을 찾았다. 세탁부로 일하는 동안 아이를 맡길 곳이 필요했기 때문이었다. 아이의 병은 다발성경화증으로 처음엔 손과 발을 움직이기 어렵다가 나중에는 몸을 조금도 움직일 수 없게 되는 병이었다. 바피는 스스로 손을 움직일 수도 없었고 말도 하지 못했다. 수녀들은 바피의 표정으로 원하는 것을 알았다. 바피가 10살이 된 후 바피의 어머니는 더 이상 아들을 보러 오지 않았다. 수녀들은 어머니가 세상

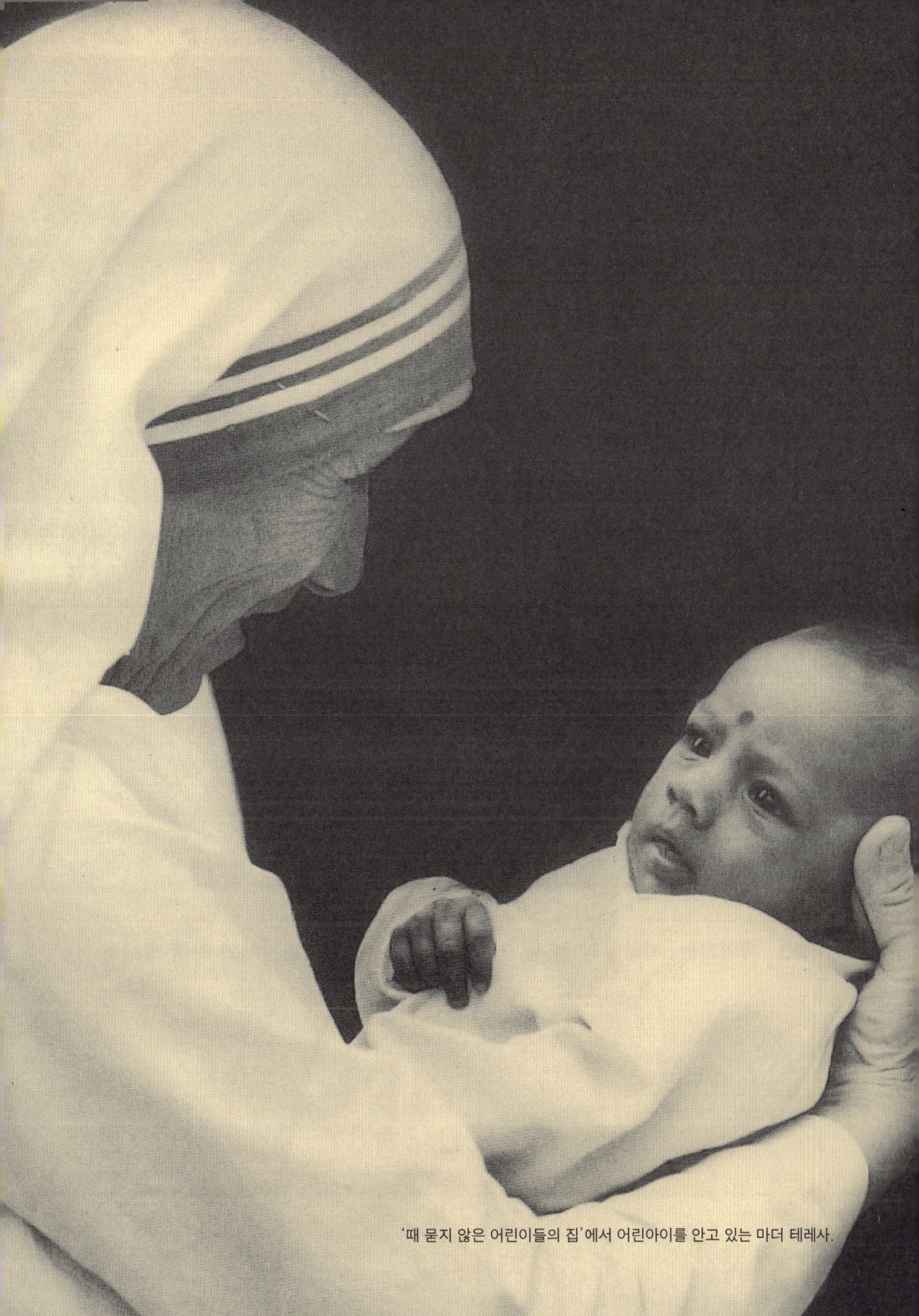

'때 묻지 않은 어린이들의 집'에서 어린아이를 안고 있는 마더 테레사.

어린이를 돌보는 일은 '가난한 사람들 가운데 가장 가난한 사람'을 사랑하는 마더 테레사 활동의 중심이었다.

을 뜬 것으로 짐작했다. 때 묻지 않은 어린이들의 집에서 지내며 수녀들에게 가끔 빛나는 표정을 보여 주던 바피는 어느 날 심한 기침과 고열에 시달리다 20살에 숨을 거두었다. '때 묻지 않은 어린이들의 집'에는 바피와 같은 아이들이 많았다.

사랑의 선교회는 콜카타에 '어린이들의 집'을 연 후 인도의 전 지역에 '어린이들의 집'을 늘려 갔다. 이 집들은 미숙아나 병든 아이들을 주의 깊게 돌보아야 하므로 가능한 한 수도회 건물 가까이 두게 했다. 마더 테레사는 고작 한 시간밖에 살지 못하더라도 어떤 아이든 '어린이들의 집'으로 데려와 달라고 부탁했다. 곧 죽게 될 아이에게 귀한 시간과 비용을 쓰는 것이 과연 가치 있는 일인가 물어 오는 사람도 있었지만 마더 테레사는 이렇게 대답했다.

"몇 분밖에 살지 못하는 아이라 할지라도 혼자 죽어 가게 해서는 안 된다고 생각합니다. 죽어 가는 아이에게 사랑을 주어 그 사랑 속에서 최후를 맞게 해 주어야 합니다. 그 이유는 아무리 작은 아이라도 사랑을 느끼고 싶어 하는 것이 당연하기 때문입니다."

마더 테레사는 버림받은 모든 아이들을 받아들이고 싶었지만, '어린이들의 집'의 수용능력에는 한계가 있었다. 그러나 많은 어린이들이 양자로 입양되어 갔고, 입양되는 어린이의 수가 날로 늘어나면서 수용능력의 문제는 자연스럽게 해결되었다. 지체 높은 카스트의 힌두교도들이 입양 신청을 하는가 하면, 남자아이를 좋아하는 전통적 힌두교 사회에서 여자아이를 입양하는 사람들도 늘어나기 시작했다. 버려지는 아이들 가운데에는 정도가 심한 신체장애아나 정신장애아도 적지 않았는데, 신체장애아를 적극적으로 받아들이는 사람도 다수 생겨났다. 제네바 근처에 사는 한 부부는 이미 3명의 친자녀가 있었으나 심리적 장애를 가진 여자아이, 네팔에서 태어나 부랑아로 자란 여자아이, 거의 앞을 못 보게 된 아이, 엄마가 임신 중 수면제를 많이 복용하여 기형으로 태어난 아이, 그리고 두 손과 두 발이 잘린 10살의 소녀까지 입양했다. 이 부부뿐만이 아니었다. 세계 곳곳에서 기적이 일어났다.

9. 사랑의 선교회를 돕는 사람들

마더 테레사와 사랑의 선교회의 활동이 점점 세상에 알려지면서 많은 사람들이 자신이 가진 것을 나누는 일에 참여했다. 사랑의 선교회에 보내온 기부금 가운데는 아름다운 사연을 가진 것들이 많았는데, 그중에서도 다음의 이야기는 특별하다.

마더 테레사가 언젠가 거리를 걷고 있는데 거지 한 사람이 찾아와 말했다. "마더 테레사, 사람들이 당신에게 기부하는 것처럼 저도 무언가를 드리고 싶습니다. 오늘 하루 종일 29페이즈밖에 벌지 못했는데, 그것을 드리고 싶습니다." 마더 테레사는 잠시 생각했다. "내가 그것을 받는다면 이 사람은 먹을 것이 없을 것이다. 그렇다고 받지 않는다면 이 사람은 마음에 상처를 입을 것이다." 그래서 마더 테레사는 손을 내밀어 돈을 받았다. 그 거지의 얼굴이 기쁨으로 빛나는 것을 마더 테레사는 보았다. 그렇게 환한 웃음은 처음이었다. 29페이즈는 거의 아무것도 살 수 없을 만큼 적은 돈이지만 그에게는 전부였다. 엄청난 사랑과 함께 준 그 돈은 수천 페이즈나 다름없었다.

미국의 어느 어린이가 3달러의 용돈을 부쳐 오기도 했고, 마더 테레사가 런던에 머물 때는 건너편 집의 아이가 동전이 가득 든 가방을 내밀기도 했다. 결혼 비용을 아껴 그 돈을 기부한 젊은 남녀도 있었고, 처음 받은 급료 600루피(한화 약 1만 원)를 몽땅 들고 찾아온 젊은 벵골 인도 있었다.

기부금은 약품과 식료품을 사는 데 가장 많이 사용되었다. 마더 테레사가 노벨 평화상을 받기 전에는 그 이름과 활동이 그리 널리 알려지지 않았다. 그러나 그런 때에도 '기적' 같은 일들이 자주 일어났다. 델리 시의 '어린이들의 집'에서 있었던 일이다. 어느 날 이 어린이들의 집에 먹을 것이 거의 떨어져 버렸다. 제일 값싼 콩도 살 돈이 없어서 약간의 쌀과 소금으로 버티는 수밖에 없었다. 그런데 바로 그때 신선한 채소와 식료품을 가득 실은 차가 도착했다. 인디라 간디 인도 수상의 며느리(맏아들의 부인)인 소니 여사가 보내 준 것이었다. 그날 어린이들은 물론 수녀들도 실컷 먹을 수 있었다.

기부금과 성금이 사랑의 선교회를 유지하고 발전시키는 데 큰 도움이 되었듯이 자원봉사 활동에 참여한 수많은 사람들의 노력 또한 선교회의 발전에 크게 이바지했다. 선교회는 2~3주 또는 2~3개월 동안 스스로 와서 일하는 자원봉사자들을 '컴 앤 시즈(Come and Sees)'라고 불렀다. 이는 '와서 본다(체험한다)'는 뜻인데, 그 이름처럼 이들은 선교회에 소속될 필요도, 서원을 해야 할 의무도 없었다. 자원봉사자들에게 선교회에서 바라는 것은 간단했다. 얼마나 많은 일을 하는 것이 중요한 것이 아니라 얼마나 많은 사랑으로 그 일을 하는가가 중요하므로 온 마음을 다해 봉사하면 그만이었다.

자원봉사자가 없으면 일을 할 수 없다고 수녀들이 말할 만큼 자원봉사자들은 선교회에 크게 기여했다. 하지만 자원봉사자들도 봉사활동을 통해 큰 도움을 받았다. 그들은 그곳에서 일하는 동안 자신의 삶에 큰 변화가 일어나는 것을 느꼈다. 불결한 모습에 충격받지 않게 되었고, 자신이 가난한 사람들에게 실제로 도움이 될 수 있다는 것을 깨닫게 되었다. 무엇보다 '사랑한다'는 것이 무엇이며, 그것이 얼마나 위대한 힘을 발휘하는지, 자기를 버림으로써 어떻게 더 높은 '나(자아)'가 실현되는지를 보고 느낄 수 있었다.

10. 평화의 마을, 샨티 나가르

칼은 인도 남부에 있는 유복한 농가의 4형제 중 한 사람으로 태어났다. 등에 반점이 나타난 것은 젊은 시절이었다. 의사에게 진찰을 받았더니 나병이라고 했다. 칼은 공포에 휩싸였다. 사원으로 달려가 온갖 신들에게 매달리고 점성술사를 찾아가 약도 지어 먹었다. 마을 사람들이 눈치 못 채게 먼 곳으로 치료법을 찾아 다녔다. 그렇게 2년 동안 병을 감추다가 결국 형제들에게 비밀을 들켜 버렸다. 형제들은 그를 쇠사슬로 묶어 지하실에게 가두고 닭이나 개에게 밥을 주듯 그의 앞에 음식을 담은 밥그릇을 놓아 주었다. 고통과 굴욕을 견디다 못해 칼은 사슬을 끊고 도망쳤다. 그리고 병든 짐승처럼 거리를 떠돌았다. 델리 시를 향해 걷던 어느 날 그는 마더 테레사의 나병 환자의 집이 있다는 것을 알게 되었다. 나환자 마을로 간 칼은 예전의 밝은 성격을 되찾게 되었다. 짐승처럼 살던 그는 마침내 인간의 존엄을 되찾아 사람으로 살 수 있었다.

 칼에 희망을 준 마더 테레사의 나병 환자들을 위한 집은 1957년 어느 날 직장과 가족으로부터 버림받은 5명의 나병 환자들이 '마더 하우스'에 들이닥친 일을 계기로 시작되었다. 가난한 사람들 가운데 가난한 사람의 '상징'과도 같은 나병 환자들을 돕기 위해 마더 테레사는 팔을 걷어붙였다. 우선 미국 독지가가 기부한 헌금으로 이동진료차를 구입했다. 때마침 나병과 피부병의 권위자인 센(Senn) 박사가 마더 테레사를 돕겠다고 나섰다. 마더 테레사의 활동에 큰 감명을 받은 센 박사는 보수도 필요하지 않다고 했다. 1957년 최초의 이동진료차가 나병 환자들이 모여 사는 곳을 순회하며 진료를 시작했다. 치료는 무료였고 음식까지 나눠 주었다. 이동진료차는 1주일에 100명 이상의 환자들을 진료했고, 이듬해에는 순회 진료소를 8군데로 늘렸다.

콜카타에서 32km 떨어진 티타가르에는 마을에서 추방당한 나병 환자들이 모여 살고 있었다. 나병 환자들은 이동진료소 소식을 듣고 치료를 받으러 오고 싶었으나 가난해서 차를 탈 수 없는 나병 환자들이 가기엔 너무 먼 길이었다. 티타가르를 방문한 마더 테레사는 그곳에 나환자 치료센터를 세우기로 결심했다. 마더 테레사는 기금을 마련하기 위해 거리에 나가 모금에 나섰다. 사람들의 관심을 끌기 위해 아주 효과적인 상징을 사용했는데, 그것은 종소리를 울리는 것이었다. 이 종소리는 옛날부터 더러운 자, 나병 환자를 알려 주는 상징이었다. 나병 환자들은 길을 갈 때 자기들을 피해 달라는 뜻으로 종소리를 울려야 할 의무가 있었다. 그런데 그 종소리가 이제 고통과 공감을 나누는 사랑의 상징이 되었다.

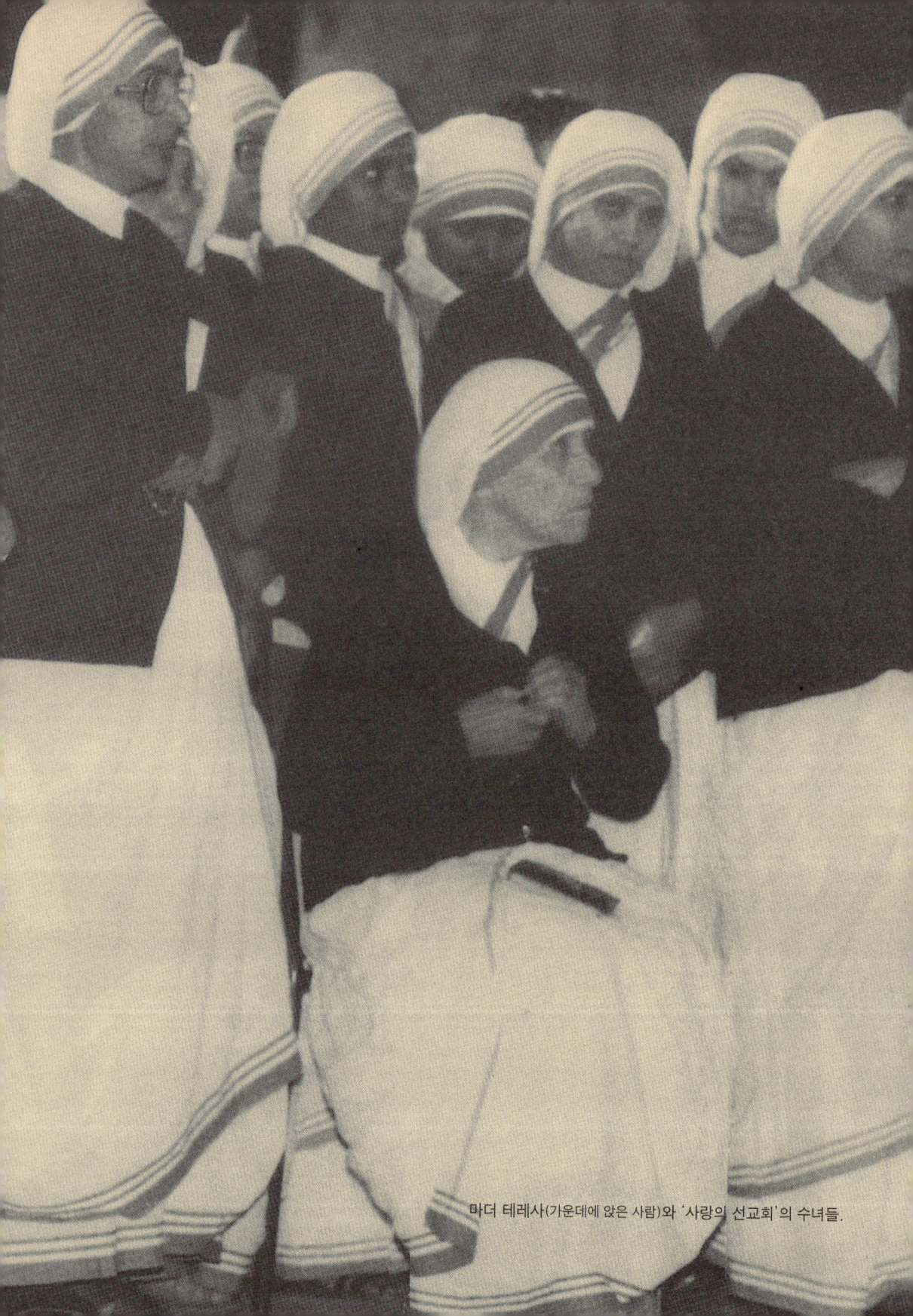

마더 테레사(가운데에 앉은 사람)와 '사랑의 선교회'의 수녀들.

반응은 아주 좋았다. 모금에 응한 시민들의 반응도 열렬했지만 무엇보다 나병 환자들의 변화가 놀라웠다. 영원히 추방된 자가 되지 않으려면 스스로 무언가를 하지 않으면 안 된다는 것을 깨달은 것이다. 마더 테레사는 2~3개월 뒤에 티타가르 철도 옆 쓰레기장 부지에 간단한 오두막집을 짓고 치료센터의 문을 열었다. 일단 시작은 했으나 도처에 문제가 있었다. 비위생적이고 위험한 생활환경을 개선하는 일뿐만 아니라 현지 폭력단과 지역 주민들의 반대를 극복해야 했다. 하지만 건물의 벽돌이 하나하나 쌓여 가는 동안 사랑의 선교회의 참뜻이 이해되기 시작했다. 마침내 집이 완성되었을 때는 저항하는 사람도, 주민들의 악의도 사라지고 없었다.

신료소가 완성되자 환자들은 자신들의 손으로 병동도 지었다. 그리고 50여 개의 직조기를 들여와 공장을 만들고 침대 시트와 베개 커버 등을 짰다. 돼지와 닭도 기르고 양어장도 만들었다. 이런 육체노동과 일정한 수입은 그들에게 자신감을 주었다. 나병 환자들의 자활을 추진한 마더 테레사의 뜻은 성공을 거두어 자급자족할 수 있는 단계에까지 이르렀다.

티타가르의 나환자 공동체에는 '간디지 프렘 니바스'라는 이름이 붙여졌다. '간디의 사랑의 집'이라는 뜻이었다. 티타가르의 성공을 계기로 마더 테레사는 더 큰 꿈을 꾸게 되었다. 나병 환자와 그 가족들이 치료도 받고 함께 일하며 생활하는 더 큰 공동체를 만들고 싶었다. 그리고 그 꿈은 1961년에 주 정부로부터 약 14만m²의 땅을 기증받으면서 시작됐다. 콜카타로부터 320km 떨어진 곳이었는데, 마더 테레사가 기증받을 당시에는 정글이나 다름없는 미개척지였다. 그런데 그때 기적처럼 자금이 마련되었다. 그때 교황 바오로 6세가 세계성체대회에 참석하기 위해 뭄바이('봄베이'의 현재 이름)를 방문했는데, 미국 노트르담 대학교에서 교황에게 의전차량을 제공했다. 마더 테레사의 활동에 깊은 감명을 받은 교황은 인도를 떠나며 사랑의 선교회에 차량을 기부했고, 사랑의 선교회는 이 차를 비싼 값에 팔아 자금을 마련했다. 이 돈은 치료센터를 짓는 데 쓰였다. 독일 어린이들까지 기부금을 보태어 2년에 걸친 공사 끝에 마침내 주요 건물이 완성되었다. 나환자들의 마을, '샨티 나가르(Shanti Nagar, 평화의 마을)'였다.

마더 테레사는 나환자 가족들의 경제적 자립을 위해 일터를 마련하도록 애썼다. 환자들도 치료 받으면서 남은 손과 발로 일을 함으로써 일하는 보람을 통해 기쁨을 느끼고 인간으로서의 존엄을 되찾을 수 있게 했다. 또한 부모로부터 감염되는 것을 막기 위해 이곳에 어린이들의 집인 '시슈 브하반'도 만들었다. 나병으로부터 스스로를 보호하기 위한 예방 교육도 함께 펼쳤다. 나병 환자들을 치료해 주려는 사랑의 선교회의 노력은 놀라운 결실을 거두었다. 그들 가운데 상당수가 완치되었던 것이다. 오늘날 나병은 치료법이 발전하여 조기에 발견하면 완전히 치유하여 정상적인 사회생활을 할 수 있다. 마더 테레사는 나병보다 더 무서운 병이 있다며 다음과 같이 말했다.

"현대의 가장 큰 병은 나병이나 암이 아니라 스스로를 필요 없는 사람이며 아무도 돌봐 주지 않는다고 여기는 것, 그리고 자신이 버림받았다고 생각하는 것입니다.…… 이러한 병들은 심지어 아주 부유하게 살아가는 가정에서조차 발견됩니다. 어디에서나 자신을 쓸모없는 사람이라고 여기는 무서운 허기가 있습니다. 이것이야말로 진짜 가난입니다."

11. 사랑의 선교 수사회의 탄생

사랑의 선교회의 활동 범위가 점점 더 넓어지자 남성이 하지 않으면 안 될 일들이 더욱 많아졌다. 판 엑셈 신부나 앙리 신부가 헌신적으로 도와주었지만 사랑의 수도회와 같은 정신을 가지고 이 일에 전력을 다할 남자 선교회의 필요성이 점점 더 절실해졌다. 마더 테레사는 '시슈 브하반'의 어린이들이 성장해 감에 따라 남성 수도사의 지도가 절실하고 나병 환자를 돌보는 데도 힘 있는 남성의 도움이 필요하다는 것을 절실히 느꼈다. 그래서 판 엑셈 신부에게 이를 알렸고, 판 엑셈 신부는 이 뜻을 앨버트 빈센트 콜카타 대주교(페리에 대주교의 후임)에게 전했다. 빈센트 대주교는 이 뜻에 공감했고, 대주교의 허락 아래 마더 테레사는 적극적으로 수도회 설립을 추진했다. 하지만 남자 수도회를 만드는 데에는 적지 않은 문제들이 있었다. 적극적으로 활동에 참여할 의지가 있는 신부를 찾는 것도 그리 쉽지는 않았다. 그러다가 인도에서 일하기를 간절히 바라고 있는 이언 트래버스 볼(Ian Travers Ball, 앤드류 수사)을 알게 되었다. 38살의 이 젊은 수사는 큰 키에 머리가 좋고 주저함이 없는 사람이었다. 그는 시슈 브하반에서 한 달 동안 봉사하며 수녀들의 가난하고 단순한 삶에 깊은 감명을 받았다. 그리고 그곳에 사제가 필요하다는 것을 알게 되었다. 마더 테레사는 볼 신부에게 남자 수도회의 책임자가 되어 줄 수 있겠느냐고 물었고, 볼 신부는 이를 받아들여 남자 선교회의 창립자가 되었다. 이 수도회는 '사랑의 선교 수사회(Missionaries of Charity Brothers)'라는 이름으로 1963년 정식 발족되었다.

남자 수도회는 콜카타의 하우라 역을 중심으로 활동하기 시작했다. 이 역에는 수백 명의 소년들이 잠을 자며 생활하고 있었다. 그들 대부분은 고아였고, 가출한 아이나 보호관찰을 벗어나 도망쳐 온 소년도 있었다. 전염병에 걸린 아이들이 많았고, 치료가 시급한 아이들도 있었다. 수사들은 저녁식사를 배급하여 하루에 한 번은 영양 있는 음식을 제공하는 한편, 소년들에게 직업훈련을 시키고 '시슈 브하반' 출신의 나이 든 소년과 함께 시내와 교외에 만든 '집'(불우한 사람들을 돌보기 위해 마련한 집을 이렇게 불렀다)으로 데려갔다.

또한 수사들은 나병 환자의 진료활동에도 적극 참여했다. 처음에는 이동(순회)진료소의 활동을 돕다가 콜카타의 나병치료센터에서 정기적으로 환자를 돌보았고, 티타가르에 나병치료센터가 들어선 뒤엔 그곳에 가서 수녀들을 도왔다. '사랑의 선교 수사회'의 활동은 그 뒤 집 없는 소년이나 알코올 중독자, 마약 중독자들을 위한 수용시설과 식사 배급소의 운영 등으로 확장되었다. '사랑의 선교 수사회'의

사무실에는 다음과 같은 힌두교의 잠언이 걸려 있었다.

만약 그대가 두 개의 빵을 가지고 있다면

하나는 가난한 사람에게 내어주고

또 하나는 팔아 히아신스 꽃을 사십시오.

그대의 영혼을

사랑으로 가득 채우기 위해.

12. 해외로부터 부르는 소리

1952년 '죽어 가는 사람들의 집'이 문을 연 뒤 마더 테레사의 활동과 이름이 세상에 알려지면서 세계 곳곳에서 사랑의 선교회에 도움을 청했다. 그 가운데서도 베네수엘라 주교의 요청은 특히 간절했다. 베네수엘라가 세계에서 가장 가난한 나라는 아니지만 주교가 맡은 지역은 아프리카에서 이주해 온 사람들의 후손이 구리 광산에서 일하는 몹시 가난한 마을이었다. 주민들의 희생 속에서 자원개발이 이루어지고 있으며, 특히 여성들이 비참한 상태에 놓여 있는 실정을 안타깝게 여긴 주교는 신교단체가 이곳에서 주민들과 함께 지내면서 그들을 도와주기를 바랐다.

그러던 중 2차 바티칸 공의회[교황 요한 23세(1958~63년 재위) 때인 1961년 10월 11일에 개최되어, 교황 바오로 6세(1963년 6월~78년 재위) 때인 1965년 12월 8일 폐회된 21번째 회의]가 열려 전 세계 주교들이 로마에 모였다. 베네수엘라 주교가 그곳에서 뉴델리 주재 교황청 대사였던 녹스 주교를 만나 상황을 이야기하자 녹스 주교는 그에게 마더 테레사의 이야기를 들려주었다. 녹스 주교를 통해 마더 테레사는 베네수엘라 주교의 요청을 알게 되었다. 하지만 '사랑의 선교회'의 활동범

위가 국내(인도)로 제한돼 있다는 것이 문제였다.

녹스 대주교가 이 일을 적극적으로 주선하기도 했지만 사랑의 선교회에 대한 인도 각지의 긍정적인 보고가 바티칸에 계속 접수되었던 점도 영향을 끼쳐 드물게 빠른 시일 안에 사랑의 선교회는 교황청이 직접 관할하는 수도회가 되었다. 교황청의 새로운 인가를 받은 때가 1965년 2월 1일이었는데, 이때 사랑의 선교회 수녀들의 총수는 300명을 넘어서고 있었다. 베네수엘라 주교의 초청으로 마더 테레사는 1965년 7월 26일 수녀들을 이끌고 베네수엘라로 떠났다. 현지의 참상을 목격한 마더 테레사는 가난한 이들을 위한 '집'을 열기로 결정했다.

처음 베네수엘라에 파견된 수녀는 4명으로 모두 인도인이었다. 마더 테레사의 두 번째 '집'은 1968년 로마 빈민가에 열었고, 1969년에는 오스트레일리아의 두 군데에 '집'을 설립했다. 알코올 중독자와 원주민을 위한 '집'이었다. 이후 런던, 요르단, 뉴욕 브롱크스 지구, 방글라데시, 북아일랜드, 이스라엘의 가자 지구, 예멘, 에티오피아, 시칠리아, 파푸아뉴기니, 필리핀, 파나마, 일본, 포르투갈, 브라질, 부룬디에 잇따라 '집'을 세웠다.

한국에는 1977년 7월 5일 '사랑의 선교 수사회'의 지원(支院)이 설립되어 불우한 사람들을 돌보았고, 1981년에는 사랑의 선교회 수녀

1981년 한국을 방문했을 때 어린이들과 함께한 마더 테레사(가운데).

회가 진출했다. 마더 테레사는 1981년과 85년 두 차례 한국을 방문했다. 1985년 방한했을 때는 특히 나환자촌인 '성 라자로의 마을'을 방문하기도 했다. 마더 테레사는 그때 특별히 판문점을 찾아갔다. 북한이 공산주의 국가라는 것을 안 마더 테레사는 특별한 의식을 행하자고 했다. 성모 마리아 메달을 북한 땅에 던지자는 것이었다. 전에도 서독에서 동독으로, 마카오에서 중국 땅을 향해 메달을 던진 것이 있었는데, 그 때문인지 동독과 중국에 수녀를 파견하게 되었다고 했다.

무릎까지 쌓이는 눈 속을 뚫고 판문점까지 간 마더 테레사는 '성모님이 먼저 가셔서 저들을 돌보아 주십시오'라고 기도했다. 경비 때문에 북한과의 경계선까지는 갈 수 없어 메달을 미군 장교에게 주며 '북한 땅에 던져 달라'고 부탁했다.

마더 테레사는 1980년 고향 스코페를 방문하여 그곳에 '집'을 열었다. 마더 테레사가 고국을 다시 찾았을 때는 스코페의 옛 모습을 찾아볼 수 없었다. 마더 테레사 자신도 모국어(알바니아 어)를 거의 잊어버린 상태였다. 마더 테레사는 바티칸에도 '집'을 열었다. 그 과정에 얽힌 조그만 일화가 있다.

로마의 노동자들이 살고 있는 지역 3군데에 이미 '집'을 열었던 마더 테레사는 바티칸의 가난한 사람들이 사는 곳에도 '집'을 여는 것이 특히 뜻깊을 거라고 확신했다. 바티칸에 머무를 일이 있었던 마더 테레사는 교황 요한 바오로 2세에게 자신의 생각을 말했고, 교황은 그 얘기에 귀를 기울였다. 그다음 바티칸을 방문했을 때도 마더 테레사는 교황에게 '집'을 열게 해 달라고 요청했다. 이야기를 들은 교황은 적당한 집을 찾아 보라고 지시했지만 좁은 지역에서 적당한 장소를 찾기란 쉽지 않았다. 몇 달 뒤 마더 테레사가 바티칸을 방문한다는 소식이 들려왔다. 마더 테레사가 다시 그 문제를 꺼낼 것이 분명했다. 마음이 편치 않았던 교황은 마더 테레사에게 다시 독촉받기 전에 집

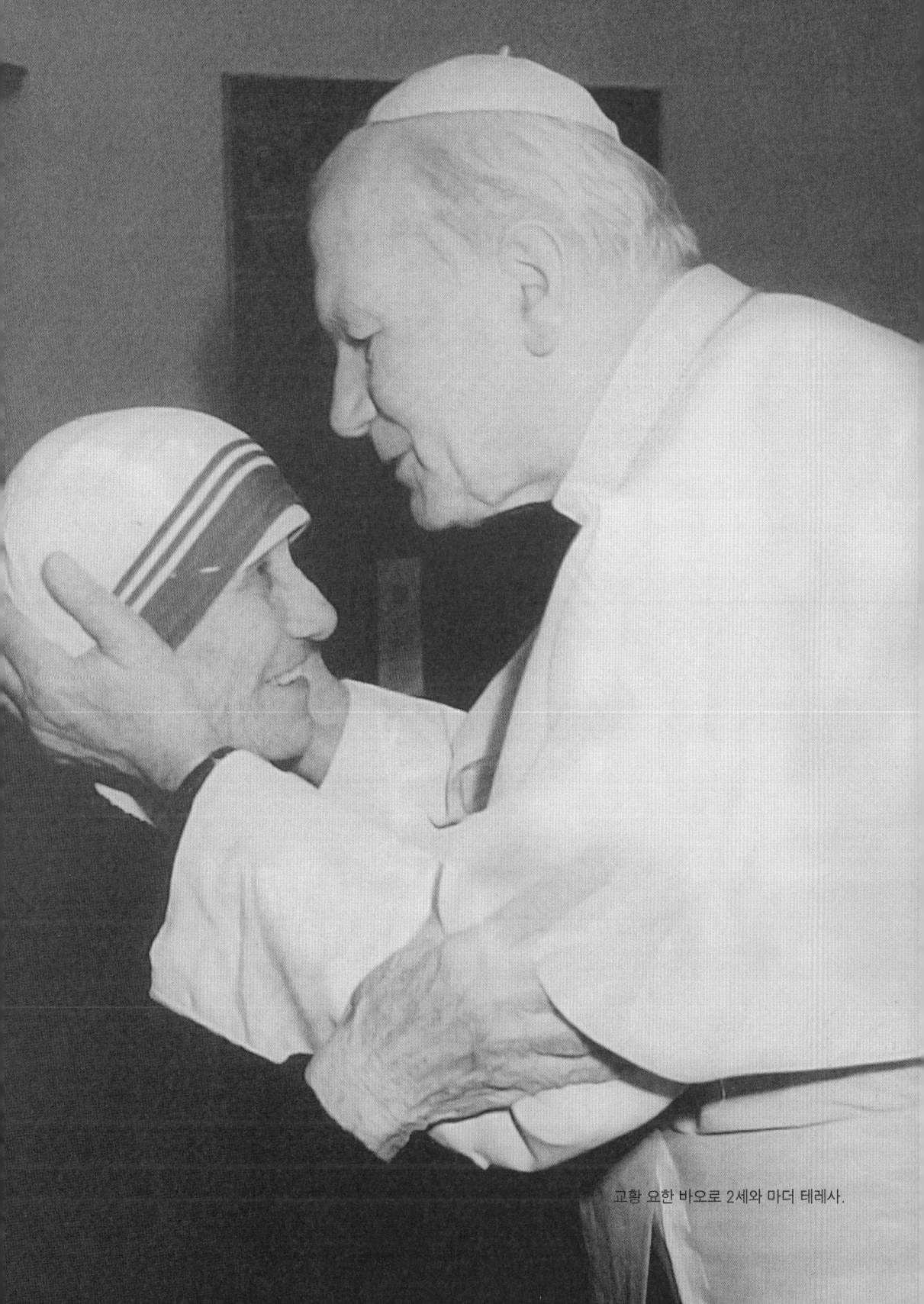

교황 요한 바오로 2세와 마더 테레사.

을 마련해 주고 싶다고 말했다. 마더 테레사가 로마로 오자 과연 교황은 축복을 내리고 새 '집'의 열쇠를 기쁘게 넘겨주었다.

마더 테레사의 '집'에서는 음식에 쓰일 식료품을 준비하기 위해 많은 걱정을 하지는 않았다. 사랑의 선교회는 호텔, 병원, 항공회사, 그리고 레스토랑과 식료품 회사 등에 남은 음식이나 식료품을 버리지 말고 사랑의 선교회에 보내 달라고 요청했고, 이곳들은 이 부탁에 적극적으로 응해 주었다. 사랑의 선교회는 아무것도 살 필요가 없었다.

마더 테레사는 자신을 부르는 소리에 응답하기 위해 애썼다. 위험도, 전쟁의 불길도 개의치 않았다. 1982년 여름, 이스라엘이 팔레스타인 해방기구(PLO, 팔레스타인의 해방과 팔레스타인 국가 설립을 위해 1964년에 만들어진 기구)가 있는 곳을 포격하여 베이루트 시가가 불타고 있을 때 마더 테레사는 엄청난 위험을 무릅쓰고 베이루트에 들어갔다. 마더 테레사와 수녀들은 포화의 틈을 뚫고 들어가 '집'에서 공포에 떨고 있던 수십 명의 장애아들을 안전지대로 구출해 낼 수 있었다.

자신을 필요로 하는 곳이 많았으므로 마더 테레사는 세계에서 가장 바쁜 사람으로 살았다. 찾는 곳마다 해결해야 할 일들이 쌓여 있고 매일 눈코 뜰 새 없이 바빴다. 새벽에 잠들고 새벽에 일어나야 하는 날도 많았다. 병자를 돌보고, 새로 짓는 시설을 살펴보고, 수많은 종교 행사와 강연 초대에 응해야 했으며, 사제나 주교가 찾아오는 일도 적지 않았다. 이런 와중에 기부금을 내러 오는 사람들도 만나고, 상담을 요청하거나 축복을 청하는 사람들을 만나 이야기를 나누고 함께 사진을 찍기도 했다. 마더 테레사는 나병 환자를 대하는 것보다 언론을 대하는 것이 더 힘들다고 토로했을 만큼 언론과의 인터뷰를 최대한 피했다. 그러나 나중엔 어쩔 수 없어 그것을 자기 희생의 하나로 생각하여 인터뷰에 응하기도 했다.

마더 테레사는 그를 만난 많은 사람들에게 양심의 거울이 되었다. 사람들은 마더 테레사를 만난 뒤 자신을 돌아보았다. 서뱅골 주지사는 "마더 테레사를 만날 때마다 나는 사람들에게 봉사하기 위해 무엇을 하고 있나 묻고 반성하게 되었고 부끄러움을 느꼈다"라고 털어놓았다. 사람들은 마더 테레사의 사랑의 실천을 보고 이웃을 사랑하는 것이 어떻게 하는 것인지를 알게 되었다.

마더 테레사의 사랑은 전염되었다.

13. 프렘 단(사랑의 선물)

1975년 영국의 유명한 제약회사 ICI(Imperial Chemical Industries)가 사랑의 선교회에 건물 하나를 기증했다. 콜카타의 틸잘라에 있는 넓은 대지에 ICI가 중앙연구소로 지은 현대적인 건물이었다. 마더 테레사는 이 집에 '프렘 단(Prem Dan, 사랑의 선물)'이라는 이름을 붙이고 장기요양소를 열었다. 건물 구내에 병원뿐만 아니라 재활센터와 작업장도 마련했다. 그리고 성인 정신병동과 소아마비 어린이를 위한 시설도 갖추었다. 가난해서 학교에 가지 못하는 아이들을 위해 슬럼 스쿨도 열었다.

사람들이 코코넛(인도에서 흔한 과일) 즙만 마시고 껍질은 아무데나 버려 도로를 쓰레기장으로 만드는 것을 본 마더 테레사는 아이디어를 떠올렸다. 코코넛 껍질에서 나오는 섬유로 제품을 만들기로 한 것이다. 코코넛에서 섬유를 뽑아내 작업장에서 매트나 로프를 만들고, 이것을 '죽어 가는 사람들의 집'이나 '프렘 단' 병원에 납품하거나 시장에 내다 팔았다. 여기서 얻는 수입은 가난한 사람들에게 실업대책이 됐고, 자원회수도 되어 쓰레기를 줄여 주는 일석삼조의 효과를 가져왔다. 무엇보다 중요한 것은 이런 일을 통해 가난한 사람들의 자

슬럼 스쿨에서 아이들이 수업을 받는 모습.

조의식이 싹튼 것이었다.

'프렘 단'의 뜰 한 모퉁이에 연 '슬럼 스쿨'은 오전반, 오후반으로 나누어 하루에 두 차례 수업했다. 이곳에 오는 어린이들의 가정은 몹시 가난했다. 평균 가족 수는 6~8명, 가구당 한 달 평균 소득은 100루피(당시 우리 돈으로 약 1,800원)에 지나지 않았다. 공책이나 연필을 살 돈이 없는 아이들은 석판에 석필로 글자를 쓰며 공부했다. 슬럼 스쿨에 오는 아이들의 영양 상태는 대체로 좋지 않아 사랑의 선교회에서 우유와 비스킷을 주었다. 이것을 먹으러 오는 아이들도 적지 않았는데, 비스킷을 돈으로 바꾸는 일이 없도록 언제나 과자를 반으로 잘라서 주었다. 성 마리아 학교를 그만둔 이후 마더 테레사는 어린이들을 모아 가르치는 일을 멈추지 않았는데, '사랑의 선교회'가 1981년 콜카타에 문을 연 8개의 슬럼 스쿨에서는 약 1,500명의 학생들이 공부했다. 돈 없는 어린이들이 공부할 수 있는 곳은 콜카타에서 이곳뿐이었다.

사랑의 선교회는 감옥에서 데려온 소녀들을 수용하여 그들에게 직업 훈련을 시키는 '샨티 단(평화의 선물)'도 열었다. 인도 법률은 비행 소년과 소녀들을 사형에 처하거나 교도소에 수감하지 못하도록 하고 그 대신 감찰원에 수용해야 한다고 규정하고 있었다. 그러나 실제로는 많은 소년 범죄자들이 감옥이나 옛날 감옥이었던 곳에 수감

진지한 표정으로 석판에 글씨를 쓰고 있는 슬럼 스쿨의 어린이.

되었다. 인도 정부는 비행청소년뿐만 아니라 돌봐 줄 부모가 없는 아이들, 알코올 중독자, 또는 감염되지 않은 나환자의 자녀들을 이런 곳에 수용했다. 아이들은 열악한 환경 속에서 더 비뚤어지고 나빠졌다. 매춘을 강요하는 매춘업자를 피해 도망가다 잡혀서 감옥에 보내진 소녀들도 구출해 함께 살았다. 어두운 옛날의 상처가 치유되기 위해서는 그만큼의 사랑이 필요했으므로 샨티 단의 수녀들은 소녀들에게 따뜻한 사랑을 베풀었다. 소녀들은 샨티 단에서 재봉이나 자수를 배우면서 자활을 준비할 수 있게 되었다.

14. 국제적 연대

마더 테레사는 사랑의 선교회를 시작할 때부터 주변 사람들로부터 많은 도움을 받았다. 최초의 협력자는 아마도 크리크 레인 14번지의 방을 빌려준 고메즈 형제일 것이다. 무료진료소에서 치료를 도와준 의사와 간호사 등 자원봉사자와 협력자들이 많았지만, 조직적인 협력자들 모임이 시작된 것은 앤 블라이키(Ann Blaikie) 여사가 나서면서부터였다.

영국 사업가의 부인인 앤 블라이키 여사는 인도 여성들을 위해 자원봉사를 하며 바쁘게 지내고 있었다. 그러다 임신을 하여 힘든 일을 하기 어려워진 블라이키 여사는 자원봉사를 잠시 쉬고 앞으로 무슨 일을 할지 생각하고 있었다. 그때 문득 마더 테레사를 만나 봐야겠다는 생각이 들었다. 쓰레기 상자에 버려진 아기를 구출하고, 빈민가에서 아이들을 가르치며, 크리스마스 파티를 열어 주고 있다는 이야기를 기사로 읽었기 때문이다. 1954년 어느 여름날, 블라이키 여사는 친구들과 함께 '죽어 가는 사람들의 집'으로 마더 테레사를 찾아갔다. 블라이키 여사가 크리스마스 파티를 위해 장난감을 만들어 주고 싶다고 제안하자 마더 테레사는 장난감 대신 옷을 만들어 주면 좋겠다고 말했다.

　블라이키 여사와 친구들은 몇 달 동안 '시슈 브하반'과 빈민가 어린이들에게 크리스마스 선물을 주기 위해 옷을 만드는 한편 옷을 모아들였다. 장난감도 만들었다. 크리스마스가 지나자 마더 테레사는 블라이키 여사가 이끄는 봉사그룹을 찾아와 베풀어 준 도움에 감사하며 앞으로 열릴 이슬람교 어린이 축제를 위해 다시 옷을 모아 줄 수 없겠느냐고 청했다. 이렇게 해서 블라이키 여사는 마더 테레사에게 이른바 '낚인 사람'이 되었다.

　그러나 1960년 블라이키 여사는 영국으로 돌아가지 않으면 안 되었다. 고국으로 돌아온 블라이키 여사는 콜카타에 머물며 나병퇴치 운동을 도운 적이 있는 존 사우스워즈라는 사람이 주변에 살고 있다는 것을 알고 연락을 취해 만났다. 그 사람 말고도 마더 테레사를 도와 일한 사람들이 있다는 것을 알게 된 블라이키 여사는 '마더 테레사 위원회'를 만들었다. 사우스워즈가 위원장, 블라이키 여사가 부위원장을 맡았다. '위원회'는 처음엔 사랑의 선교회에 보낼 기부금을 모으고 옷을 보내는 일 등을 주로 했는데, 런던을 방문해 이곳의 가난을 직접 본 마더 테레사는 콜카타가 아니라 주변 사람들을 먼저 도우라고 권고했다. 그 후 '위원회'는 런던에 노인을 위한 집을 열어 고독한 노인, 환자, 정신장애인을 돕는 일을 적극적으로 펼쳤다.

마더 테레사는 서양 사회의 정신적인 빈곤이 콜카타의 물질적 빈곤보다 더 심각할지 모른다고 생각했다. 고독이라는 병은 약으로 치료할 수 없고 오직 사랑만이 치료할 수 있다고 보았다. 마더 테레사는 런던 빈민가의 아파트에 살던 한 여성의 이야기를 들려주곤 했다. 친척도 없었는지 이 여인에게 찾아오는 사람은 아무도 없었다. 편지조차 오지 않았다. 너무나 외로웠던 이 여인은 자신도 편지를 받아보고 싶어서 자기 앞으로 편지를 써서 우체통에 부치곤 했다는 것이다.

콜카타에서 조용히 시작된 마더 테레사를 돕는 모임은 사랑의 선교회가 여러 나라에 구호시설인 '집'을 열자 국제적인 '마더 테레사 협력자회'로 조직화되어 갔다. 간디를 매우 존경한 마더 테레사는 자신을 도와 함께 일하는 사람들을 간디가 그러했듯이 '협력자(co-worker)'라고 불렀다. '마더 테레사 협력자회'는 역시 영국에서 큰 결실을 거두어 그 회원이 약 3만 명으로 늘어났고, 미국에서도 그 수가 1만 명에 이르렀다. 유럽 여러 나라에서도 약 200~300명 정도의 회원들이 활동했다. 다양한 형태의 기부금이 '협력자회'로 보내졌다. 액수가 많은 기부금도 있었지만 어린이들이 용돈을 절약해 보낸 정성어린 헌금도 있었다. 그러나 마더 테레사는 재정적, 물질적인 지원만을 원하는 것이 아니라고 분명히 밝혔다. 사랑의 선교회가 하는 일의 정신과 비전을 함께 나누어 갖는 '영적인 가족'을 만들어 달라는 것

마더 테레사.

이었다.

1969년 마더 테레사는 여러 사람의 도움을 받아 '마더 테레사 협력자 국제협회(International Association of the Co-workers of Mother Teresa)'의 헌장을 만들었다. 헌장은 이렇게 시작된다.

> "마더 테레사 협력자 국제협회는 전 세계의 모든 종교, 모든 종파의 남녀, 젊은이, 그리고 어린이로 구성된다. 이들 구성원은 가난한 사람 가운데에서도 가장 가난한 사람들을 위해 온 마음을 다해 봉사하면서 사람들 속에서 하느님을 사랑하고자 하는 사람들이다."

마더 테레사는 건강한 사람뿐만 아니라 장애인, 병자, 노인들처럼 활동하기 어려운 사람들도 특별한 형태로 사랑의 선교회에 참가하기를 바랐다. 그래서 사랑의 선교회와 정신적인 연대를 갖는 '병자와 고통받는 사람들의 협력자회(The Sick and Suffering Co-workers of Mother Teresa)'를 조직했다. 이 단체의 탄생에는 벨기에 여성 자클린 드 데커(Jacqueline de Decker)가 큰 역할을 했다.

드 데커는 유복한 벨기에 가정에서 태어나 부유한 어린 시절을 보냈다. 그런데 어느 날 아버지가 재산을 다 날리자 삶에 큰 변화를 겪는다. 가톨릭계 대학에서 사회학을 전공한 드 데커는 인도에서 가난한 사람들의 지위향상을 위해 일하고 싶은 소망을 품고 있었다. 인도에 도착한 뒤 드 데커는 예수회의 한 신부에게서 가난한 사람들을 위해 일하는 수녀의 이야기를 들었다. 그 수녀를 만나기 위해 의료 선교 수도회가 있는 파트나로 간 드 데커는 그곳에서 테레사 수녀를 만나 곧 친해졌다. 하느님과 가난한 사람들, 그리고 인도를 사랑한다는 점에서 두 사람은 공통점이 많았다. 테레사 수녀는 드 데커가 자기와 함께 일할 최초의 협력자가 되어 주길 바랐다.

하지만 드 데커는 심한 척추 통증으로 벨기에로 돌아가지 않으면 안 되었다. 회복되면 돌아오기로 약속했지만 드 데커는 영영 돌아오지 못했다. 드 데커의 병은 척추 진행성 위축마비증이었고, 팔과 다리, 그리고 눈에도 마비가 왔다. 드 데커는 여러 차례 큰 수술을 받았으며, 목에 깁스를 하고 몸엔 철제 코르셋을 입었다. 목발 없이는 움직일 수 없었고, 격렬한 통증 때문에 잠도 잘 수 없었다. 마더 테레사와 드 데커는 계속 편지를 주고받으며 언젠가 함께 일할 수 있는 날을 꿈꾸었지만 드 데커의 병은 점점 더 악화되었고, 드 데커가 사랑의 선교회에 참여할 수 있으리라는 희망은 사라져 갔다.

그때 마더 테레사에게 새로운 아이디어가 떠올랐다. 1952년 10월, 마더 테레사는 드 데커에게 편지를 보내 정신적으로 사랑의 선교회에 동참할 수 있는 방법을 제안했다. 몸으로 일할 수는 없지만 기도하고, 고통을 느끼고, 생각하고 편지를 주고받음으로써 선교회와 하나가 되는 것이었다. 드 데커와 같이 선교회와 정신적인 유대를 주고받으려는 사람들은 점점 늘어나 마침내 '병자와 고통당하는 사람들의 협력자회'가 만들어졌고, 그들의 수는 약 5천 명에 이르렀다.

드 데커에게는 협력자회를 통해 마더 테레사를 돕는 것 말고 개인적인 소망이 하나 더 있었다. "마더 테레사에게 바라는 소망이 하나 있습니다. 만약 제가 죽거든 제 몸을 사리에 싸서 '사랑의 선교회'에 묻어 주십시오. 이 세상에서 이루지 못했던 것을 죽어서라도 이루고 싶습니다. 제 혼은 인도에 있기 때문입니다."

15. 세계의 눈에 비친 마더 테레사

마더 테레사는 세계 여러 나라의 지도자들을 만나 때론 도움을 청하고 견해가 다른 일에 대해선 거침없이 반대 의견을 냈다. 마더 테레사가 정치와는 그 어떤 관련도 맺지 않고 오직 순수하고도 투명한 동기로 일해 왔기 때문에 마더 테레사의 행동이 오해받는 일은 좀처럼 없었다.

1981년, 에티오피아에서 돌아온 마더 테레사는 마음이 편치 않았다. 에티오피아의 북부에 심한 가뭄이 닥쳐 수십만 명의 사람들이 위험에 처해 있었다. 마더 테레사가 구호물품을 갖고 찾아갔지만 그 정도로는 어림도 없었다. 마더 테레사는 동료 수녀들과 기도하고 단식하던 중 문득 생각이 떠올라 당시 미국 대통령이었던 레이건 대통령에게 편지를 썼다. 1주일 뒤 백악관으로부터 전화가 왔다. 레이건 대통령이었다. 편지 잘 받았다고 인사하며 미국 국민들의 뜻을 모아 가능한 한 빨리 구호물자를 보내겠다고 약속했다. 레이건 대통령의 말대로 신속하게 구조 활동이 시작되었고, 조그만 마을에 이르기까지 헬리콥터로 구호물자가 막힘 없이 공급되었다.

자와할랄 네루 전 인도 총리의 집안과 마더 테레사는 오랜 인연을

인디라 간디 전 인도 총리와 함께.

맺어 왔다. 사랑의 선교회가 델리에 두 번째 집을 열었을 때 네루 총리가 기념식에 참석했다. 네루 총리와 수행원들을 안내해 기도실에서 기도를 드린 다음 마더 테레사가 사랑의 선교회의 활동에 대해 설명해 주려고 하자 네루 총리는 이처럼 말했다. "저에게 수녀님이 하시는 일을 설명하실 필요는 없습니다. 수녀님이 하시는 일이 저를 이곳까지 오게 했으니까요." 네루 총리는 훗날 마더 테레사를 인도 최고의 상인 파드마 슈리 상의 수상자로 추천했다. 네루 총리의 딸인 인디라 간디 전 인도 총리도 마더 테레사와 친밀하게 지냈다. 마더 테레사는 인디라 간디 총리의 아들인 라지브 간디 전 총리와도 언제나 자유롭게 만날 수 있었고, 마르크스주의자이자 무신론자인 서벵골 주지사와도 자유롭게 면담할 수 있었다.

마더 테레사의 방문을 기꺼이 환영하고 기다린 유명 인사들은 인도뿐만 아니라 세계 곳곳에 있었다. 마더 테레사는 필요하다면 세계 어느 곳의 누구든 만날 수 있었고 또 만나러 갔다. 방문 목적이 자신의 사적 이익 때문이 아니라 고통당하는 사람들을 위해서라는 것을 누구나 알고 있었기 때문이다. 국가 지도자, 정치인, 독재자, 사제들은 마더 테레사와 만나는 것을 큰 기쁨과 영예로 여겼다. 프랑스 미테랑 전 대통령, 메이저 전 영국 총리, 미국의 레이건 전 대통령과 부시 전 대통령, 벨기에 국왕, 스페인 국왕 등 한 나라를 대표하는 사람들이 마더 테레사를 영원한 벗으로 생각하며 존경했다.

마더 테레사는 찾아가야겠다고 마음먹으면 그 어떤 어려움, 위험도 마다하지 않았다. 1991년 5월 초, 방글라데시의 해안지대를 큰 폭풍우(사이클론)가 강타해 약 30만 명이 목숨을 잃는 참사가 일어났다. 심장병 치료 후 요양 중이던 마더 테레사는 이 소식에 의사들의 만류도 뿌리치고 급히 현장을 찾아갔다. 방글라데시의 수도 다카에서 일하던 자매들에게 알릴 시간도 없었으므로 마더 테레사가 온다는 것

방글라데시의 난민수용소를 방문했을 때 에드워드 케네디 미국 상원의원과 이야기를 나누는 마더 테레사.

을 아는 이는 아무도 없었다. 재해를 취재하러 온 해외 여러 언론인들은 마더 테레사의 모습을 발견하곤 깜짝 놀랐다. 보통 제3세계에서 발생한 재해는 서방 선진국들에게는 대단한 관심사가 되지 못하곤 했는데, 재해 현장에 마더 테레사가 나타나면 그것만으로도 세계의 이목이 집중되었다. 세계의 관심은 구호활동으로 이어져 재해를 입은 나라에 큰 도움이 되었다.

국가나 지역 사이에 분쟁이 일어나 무고한 사람들이 희생될 위험이 있을 경우 마더 테레사는 당사국에 편지를 보내 자신의 의견을 말하곤 했다. 미국과 이라크 사이에 걸프전이 일어났을 때 1991년 1월 12일 마더 테레사는 양국 대통령에게 편지를 보내 전쟁의 피해자들을 위해 탄원했다. 이 불길한 전쟁이야 조만간 끝날 테지만 쌍방의 공격으로 목숨을 잃거나 상처 입은 사람들에게는 그 무엇도 보상이 될 수 없을 것이라고 호소했다. 전쟁이 끝난 뒤 마더 테레사는 뜻밖의 편지를 받았다. 이라크 보건담당 장관이 고아와 부상당한 군인들을 도와줄 수녀들을 이라크로 보내 주기 바란다는 내용이 씌어 있었다.

정치 지도자들을 만날 때마다 마더 테레사는 가난하고 고통받는 사람들의 입장에서 아무 거리낌 없이 해결해야 할 문제들을 이야기했다. 마거릿 대처 전 영국 총리에게는 주택 문제를, 미국의 레이건 전 대통령에게는 핵무기 문제 해결을 촉구했다. 마더 테레사의 유일한 관심은 인간에 대한 사랑이었다.

마더 테레사와 사랑의 선교회 활동이 세상에 알려지자 1962년부터 마더 테레사는 수많은 상들을 받았다. 한때 사랑의 선교회의 한 수녀가 마더 테레사의 수상 목록을 작성해 보려고도 했지만, 그해에만 크고 작은 상을 20개 이상이나 받아 정확한 목록 작성을 포기했다. 그래서 마더 테레사야말로 가장 많은 상을 받은 사람으로 기네스북에 오를지 모른다는 말까지 생겼다.

마더 테레사의 친필 글.

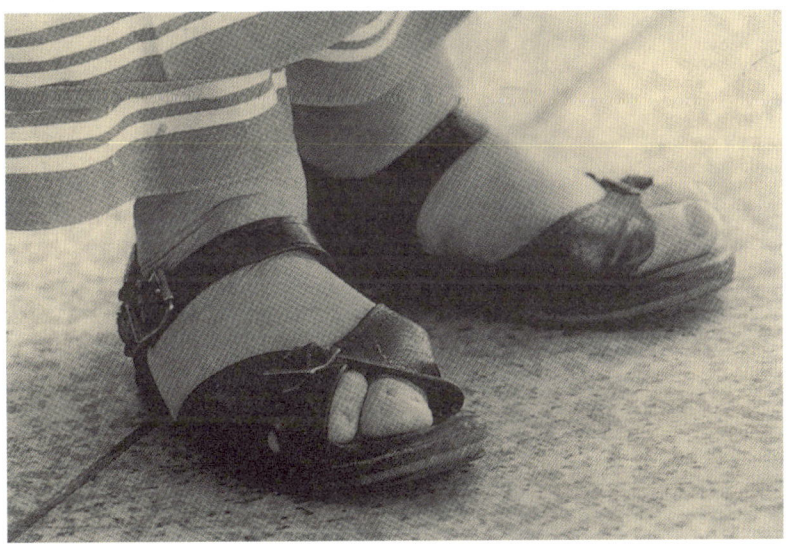

가족과 조국을 버리고 반세기 동안 인도와 세계 곳곳을 돌아다니며 사랑을 실천한 마더 테레사의 발.

처음 받은 큰 상은 마더 테레사가 활동을 시작한 지 14년째인 1962년에 받은 파드마 슈리 상이었다. 인도 태생이 아닌 사람이 이처럼 인도의 권위 있는 상을 받은 것은 처음이었다. 수상 소식을 들었을 때 마더 테레사는 상을 받고 싶지 않다고 했다. 그 상이 마더 테레사와 함께 가난한 사람들에게 헌신한 모든 수도자들에게 주는 상이라고 대통령이 설득한 다음에야 마더 테레사는 상을 받기로 했다. 뉴델리에서 시상식에 참여하고 콜카타로 돌아온 마더 테레사는 받은 메달을 '죽어 가는 사람들의 집'에 있는 조그만 성모상에 걸어 드렸다. 그 상은 자신이 받은 것이 아니라고 생각했기 때문이었다.

그로부터 두세 달 뒤 마더 테레사는 필리핀의 막사이사이상의 수상자가 되었다. 막사이사이상은 필리핀의 전 대통령 막사이사이를 기리기 위해 설립된, 아시아 지역의 가장 권위 있는 상 중의 하나다. 이 상을 받을 당시 마더 테레사는 타지마할로 유명한 아그라에 나환자들을 위한 시설을 만들기 위해 애쓰고 있었다. 자금난 때문에 계획이 연기될 수도 있었던 그때, 막사이사이상의 상금으로 받은 5만 루피(한화 약 1,100만 원)로 설립 계획이 무사히 진행될 수 있었다. 마치 하늘이 때맞춰 상을 내려준 듯했다.

1971년에는 교황으로부터 요한 23세 평화상을 받았고, 상금 2만 1,500달러(한화 약 2,360만 원)는 샨티 나가르의 나병환자센터 건설 자

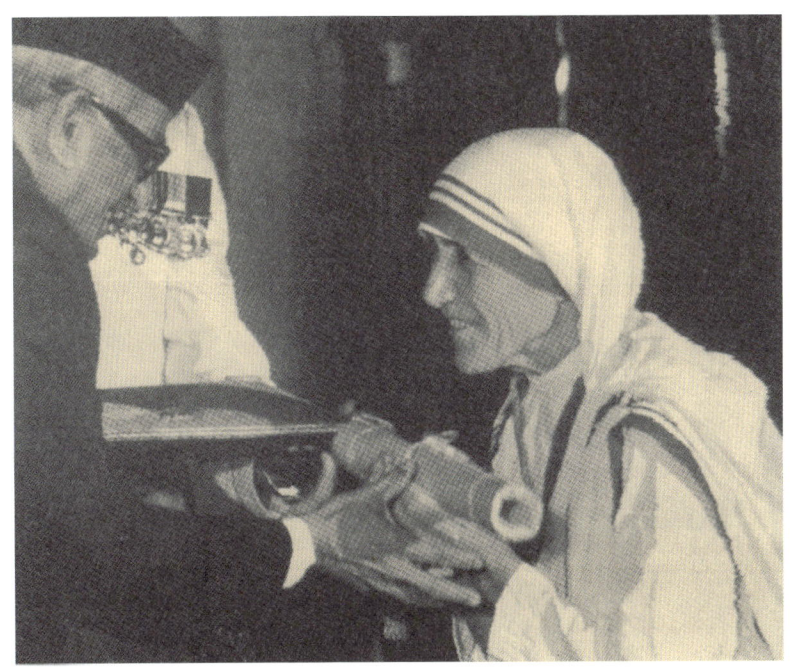

인도 대통령으로부터 인도 최고의 시민훈장인 '바라트 라트나(인도의 보석)' 상을 받고 있는 마더 테레사(1980).

금으로 쓰였다. 그해에는 조지프 P. 케네디 2세 재단이 주는 상도 받았는데, 이 재단은 정신적, 지적 장애의 원인과 치료법을 연구하기 위해 만들어졌다. 이때 상금으로 받은 1만 5천 달러(한화 약 1,650만 원)는 콜카타에 '신체장애 및 뇌성마비, 지적장애를 지닌 어린이들의 집'을 만드는 데 사용되었다. 마더 테레사는 이 집에 '니르말 케네디 센터'라는 이름을 붙였다.

1972년 국제적인 이해에 기여한 공로로 뉴델리에서 네루상을, 1973년에는 영국에서 '종교의 진보 및 인간이 신에 대한 지식을 더 많이 얻도록 장려하기 위해' 만든 템플턴상을 받았다. 1975년에 '생명을 경외한' 공로로 '알베르트 슈바이처 국제상'의 첫 수상자가 되었다. 1976년에는 미국에서 '지상의 평화상'과 '가톨릭 이인종간 협의회상'을 받았는데, 이 상은 마틴 루터 킹 목사가 받은 상이기도 했다. 1979년, 마더 테레사는 로마 국립 아카데미가 주는 '발잔상'을 받았다. 이 상은 평화와 인도주의 그리고 형제애를 실천하고 그것을 향상시킨 사람에게 주는 상인데, 사랑의 선교회는 32만 5천 달러(한화 약 3억 5,800만 원)의 큰 상금을 받았다. 1980년에는 인도의 최고 시민 훈장인 바라트 라트나, 1985년에는 미국 최고 시민상인 자유의 메달을 받았다.

노르웨이 노벨상 위원회는 1979년 유엔 아동의 해를 맞아 노벨 평화상을 마더 테레사에게 주기로 결정했다. 마더 테레사는 '가난한 사람의 이름으로라면' 이 상을 받을 수 있다고 말했다. 마더 테레사는 수도회의 첫 입회자였던 아그네스 수녀, 그리고 두 번째 입회자였던 거트루드 수녀와 함께 노르웨이 오슬로에 도착했다. 그곳에서 수상 소식을 듣고 온 오빠 라자르를 만났다. 1928년 수도자의 길을 위해 집을 떠난 이후 약 50년 만에 처음 만나는 오빠였다.

노벨 평화상을 받기 위해 노르웨이 오슬로 대학교의 아울라 마그나 수상식장으로 가는 계단을 오르고 있는 마더 테레사.

1979년 12월 10일 노르웨이 노벨상위원회의 존 산네스 위원장으로부터 노벨 평화상을 받는 마더 테레사.

노벨 평화상을 받기 전까지 마더 테레사의 이름을 들어 보지 못한 사람들이 많았지만, 수상자로 선정된 뒤로는 사정이 달라졌다. 마더 테레사가 오슬로에 도착하면서 떠날 때까지 세계 여러 나라 기자들이 취재하느라 야단법석을 떨었다. 마더 테레사가 "취재 소동 때문에 나는 그만 하늘나라로 가고 싶습니다"라고 말할 정도였다.

12월 10일, 오슬로 대학에서 열린 시상식에서 마더 테레사는 노벨상 위원회 존 산네스 위원장으로부터 넘치는 찬사를 받았다. 하지만 마더 테레사의 수상연설은 짧고도 날카로웠다. 그 내용의 중심은 죄책감 없이 행해지고 있는 임신중절에 대한 비판이었다. 또한 마더 테레사는 언제나 그러했듯이 수상 파티를 열지 말아 달라고 부탁했다. 노벨상 위원회는 이 제안을 받아들였고, 사건의 경위와 마더 테레사의 뜻을 이해한 많은 사람들이 기부금을 보내왔다. 연회를 열지 않아 절약한 비용과 성금을 합쳐 약 3만 9천 파운드(한화 약 6,400만 원)가 사랑의 선교회에 전달되었다. 그 금액은 노벨 평화상의 상금 19만 2천 달러의 3분의 1이 넘었다.

마더 테레사에 대한 비판의 소리도 나왔다. 콜카타의 빈곤을 해결하기 위해서는 더 큰 재원이나 정부 정책이 있어야 하는 것이 아니냐는 비판이 대표적이었다. 콜카타나 다른 지역의 가난을 해결하기엔 선교회에서 하는 일이 너무나 작고, 또 마더 테레사의 활동이 지나치게 부풀려져 마치 문제가 해결되는 것처럼 보임으로써 정부가 현실을 방치하게 만든다는 지적이었다.

또 다른 비판은 마더 테레사의 활동이 인구 문제, 지구환경 문제와 관련해 시대의 요청을 거스르고 있다는 것이었다. 즉 마더 테레사가 주장하는 낙태 금지 때문에 인구가 폭발적으로 증가하고, 식량난과 환경오염이라는 재난이 닥치게 될 것이라는 비판이었다.

마더 테레사는 이러한 비판들에 대해 간결하고도 단호하게 대답했다.

"사랑의 선교회가 가난의 문제를 뿌리 뽑지는 못합니다. 그것은 우리가 할 수 있는 일과 별개입니다. 제가 할 수 있는 것은 정치 지도자들이 곤경을 인식하고 배려할 수 있도록 기도하며, 가난하고 고통받는 한 사람 한 사람을 돌보는 일뿐입니다. 지금 그 한 사람은 우리에게 이 세계에 단 하나밖에 없는 사람입니다."

16. 살아 있는 성인

마더 테레사는 50여 년 동안 많은 일들을 이루어 내기도 했지만 좌절과 실패, 그리고 거절과 모욕도 적지 않게 겪어야 했다. 예컨대 북아일랜드의 벨파스트에서 굴욕적인 실패를 겪기도 했다. 프로테스탄트가 지배적인 힘을 발휘하던 그 지역에선 가톨릭 교도들이 경제적, 사회적으로 불리한 위치에서 테러에 호소하는 일이 종종 일어나고 있었다. 마더 테레사는 자선활동을 하며 프로테스탄트와 가톨릭 사이의 화해를 시도했다. 단단히 각오를 하고 들어갔으나 어느 지역 가톨릭 신부의 거부로 되돌아올 수밖에 없었다. 인도의 란치에서는 수도원을 새로 열려다 저지당하기도 했다. 수녀 몇 명과 이곳에 도착했을 때 마더 테레사는 돌아가라고 외치는 군중들의 저항에 부딪혔다. 마더 테레사가 그 지역에 나병 환자를 위한 시설을 지을 것이라는 잘못된 소문이 퍼져 사람들은 바리케이드를 치고 마더 테레사를 저지했다. 선교회는 결국 다른 곳으로 장소를 옮겨야 했다.

그 밖에도 많은 어려움을 겪었지만 마더 테레사는 고난과 고통을 기꺼이 받아들였다. 수많은 사람들의 고통을 목격하며 인간의 고통이 무엇인지를 깊이 이해했던 마더 테레사는 사람은 고통을 통해 깨달음을 얻고 성장한다고 믿었다. 십자가의 고통 없이는 부활의 기쁨이 없는 것과 마찬가지로 고통을 이해하고 받아들이면 그 궁극적인 가치를 알게 된다고 생각했다.

자신의 이기적인 욕망을 죽이고 자기를 버림으로써 완전한 사랑의 길로 나아갈 수 있음을 행동으로 보여 준 마더 테레사는 그래서 '살아 있는 성인', '콜카타의 성인', '가난한 사람들의 어머니' 등으로 불렸다. '사랑의 심장과 철의 의지를 가진 사람'이라고도 했다. 마더 테레사가 병자들을 돌보거나 엄마 잃은 아이들을 안고 있는 모습을 보면서 사람들은 넉넉한 사랑이 흘러넘치는 것을 느낄 수 있었다. 그것은 노력해서, '애써' 베푸는 사랑이 아니라, 자연스럽게 흘러넘치는 '능동적인 사랑'이었다. 마더 테레사에게는 하느님을 사랑하는 것은 다른 사람을 사랑하는 것과 같았다.

1982년 마더 테레사가 일본을 방문했을 때 강연을 듣고 큰 감동을 받은 많은 학생들이 자원봉사를 하러 콜카타로 가겠다고 지원한 일이 있었다. 이때 마더 테레사는 감사를 표시한 뒤 이렇게 말했다.

"봉사하기 위해 일부러 콜카타로 오지 않아도 됩니다. 여러분들의 이웃에 콜카타가 있으니 그 콜카타를 위해 일해 주십시오."

마더 테레사.

우리 주변에 물질적 궁핍으로 고통받는 사람이 있거나, '사랑'에 굶주리고 지쳐 정신적으로 가난한 사람들이 있다는 뜻이었다. 그들이야말로 '우리 주변의 콜카타'이므로 가까운 곳에서부터 사랑을 실천하라는 이야기였다. 마더 테레사는 특히 우리 '가정 안의 콜카타'는 없는지 살펴보라고 일깨웠다. 바로 내 집에서부터, 주변에서부터 사랑을 실천하라는 말이었다.

"멀리 있는 사람을 사랑하기는 쉽습니다. 그러나 가까이 있는 사람을 사랑하기는 어렵습니다. 자기 집에서 사랑받지 못하는 사람의 외로움과 고통을 해소해 주는 것보다 굶주린 사람에게 밥 한 그릇 주기가 어쩌면 훨씬 쉬울지 모릅니다."

사랑이 무엇이냐고 물었을 때 마더 테레사는 이렇게 답했다. "사랑…… 그것은 언제나 행동에 있지요."

17. 세계의 애도

마더 테레사는 1983년부터 건강이 좋지 않았다. 로마에 머물 때 밤중에 침대에서 내려오다 넘어져 진찰을 받았는데, 의사는 뼈가 부러진 것은 아니나 심장병이 발견되었다고 알려 주었다. 마더 테레사는 73세가 될 때까지 이런 중병을 앓아 본 적이 없었다. 마더 테레사가 처음으로 입원하자 세계의 많은 사람들이 걱정스럽게 지켜보며 많은 편지와 전보를 병원으로 보내왔다.

1989년에도 현기증으로 넘어져 입원했는데, 여러 해에 걸쳐 몇 번이나 이런 상태를 맞게 되었으므로 마더 테레사는 바티칸에 편지를 보냈다. 사랑의 선교회 회헌에 따라 자신의 후임자를 선출할 대의원 회의를 소집할 수 있게 허가해 달라는 내용이었다. 그리하여 1990년에 회의가 열렸으나 마더 테레사의 사의는 받아들여지지 않았다. 마더 테레사 본인을 제외한 다른 수녀들이 모두 반대했기 때문이었다.

"나는 자유로워지고 싶었습니다. 그러나 하느님은 다른 계획을 갖고 계셨습니다"라고 마더 테레사는 그때를 회고했다. 마더 테레사는 이런 결과를 기뻐하지 않았으나 주어진 사명을 피하지 않았다.

1992년에 심장병으로 쓰러졌다 회복되고, 다시 건강이 악화되어

마더 테레사의 후임으로 선출된 마리아 니르말라 수녀(왼쪽)와 마더 테레사(1997).

1996년 말에는 2분 동안이나 심장박동이 멎기도 했다. 당시 병원에 입원한 마더 테레사는 내 병원비 때문에 가난한 사람들이 치료받지 못한다며 자신이 돌보던 가난한 사람들처럼 죽게 해 달라고 부탁했다. 그 후 폐렴과 말라리아 합병 증세까지 겹쳐 1997년에 이르러서는 더 이상 직책을 수행할 수 없게 되었다. 그 때문에 후임 총장을 선출하기 위한 대의원 회의가 다시 소집되어 1997년 3월 13일 마리아 니르말라 수녀를 새 총장으로 선출했다.

마더 테레사는 1997년 9월 5일 오후 9시 30분(현지 시각) 사랑의 선교회 본부인 마더 하우스에서 세상을 떠났다. 그때 그의 나이 87세였다. 저녁 식사와 기도를 마친 마더 테레사는 등이 아프다고 하더니, 달려온 의사에게 숨을 쉴 수가 없다고 말했다. 돌보던 수녀가 침대에 누이자 얼마 뒤 마더 테레사는 숨을 거두었다. "예수님, 당신을 사랑합니다. 예수님, 당신을 사랑합니다." 이것이 마더 테레사가 숨을 거두기 전에 마지막으로 남긴 말이었다. 마더 테레사는 세상을 떠나기 이틀 전에는 "예수님이 나를 원하셔요. 나는 그분께 가겠습니다"라고 말했다고 한다.

마더 테레사가 숨을 거두자 수녀들은 종을 울려 마더 테레사의 서거 소식을 알렸다. 소식은 빠르게 전해져 수많은 사람들이 빗속을 달려와 선교회 앞으로 모여들더니 이내 그 수가 4천 명에 이르렀다. 그 가운데 많은 사람들은 마더 테레사가 돌보았던 거리의 가난한 사람들이었다. 사람들은 우산도 없이 비를 맞으며 흐느껴 울었다. 마더 테레사의 시신은 평소대로 사리를 입은 채 얼음 침대 위에 눕혀졌다. 선교회 수녀들은 마더 테레사의 발에 입을 맞추거나 발을 어루만지며 한 사람씩 고인에게 마지막 인사와 경의를 표했다.

마더 테레사의 서거 소식이 알려지자 인도의 국영 텔레비전은 정규방송을 중단하고 성가와 조곡을 방송했고, 인도 정부는 서거일인 9

월 5일과 장례일인 13일을 공식 추도일로 선포하고 조기를 게양하도록 지식했다. 마더 테레사의 고향인 알바니아도 5일을 국가 애도의 날로 선포했다. 미국 백악관과 하원도 마더 테레사를 애도하기 위해 6일 추도묵념을 올렸고, 장례일인 13일을 국가추도일로 지정했다. 국가 지도자들의 추도사와 애도성명도 잇따라 발표되었다. 인도 총리, 교황 요한 바오로 2세, 클린턴 미국 대통령, 시라크 프랑스 대통령, 영국 엘리자베스 여왕 등이 "큰 슬픔과 함께 빛을 잃었다"고 애도했다. 마더 테레사가 두 차례 한국을 방문했을 때 만났던 김수환 추기경은 명동성당에서 추모미사를 집전하고 "수녀님의 죽음은 수녀님을 사랑하는 모든 사람들의 가슴에 살아 있는 음성으로 남을 것"이라며 고인을 추모했다.

마더 테레사의 유해는 사랑의 선교회에서 성 토마스 성당으로 옮겨져 일반 조문객들에게 공개되었다. 구지랄 인도 총리를 비롯하여 하루 동안에만 3만 5천여 명이 참배했다. 참배객이 너무 많아 한 사람당 허락된 시간이 1초에 불과한데도 행렬은 1km 넘게 이어졌다. 13일, 장례식은 시신이 성 토마스 성당에서 콜카타의 네타지 수바시 체육관으로 옮겨져 국장으로 거행되었다. 인도의 국장은 대통령이나 총리에게만 해당되는 것으로 평민으로서 국장의 예를 받은 것은 마하트마 간디에 이어 마더 테레사가 두 번째였다. 인도군 차량 9대가

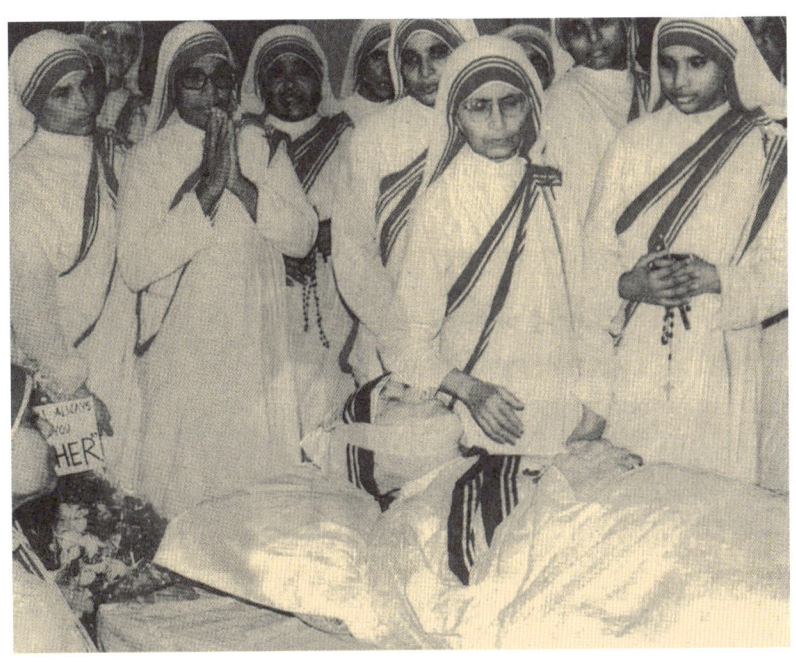

마더 테레사의 시신 둘레에 모여 경의를 표하고 있는 니르말라 수녀(앞줄 오른쪽에서 두 번째)와 '사랑의 선교회' 수녀들.

행렬을 앞에서 이끄는 가운데 사랑의 선교회 수녀 9명과 조카 딸(오빠의 딸) 아지 보야주가 뒤따랐고, 마더 테레사가 돌보았던 수많은 사람들이 그 뒤를 이었다.

이날 장례식에는 인도 대통령, 미국 클린턴 대통령의 부인 힐러리 여사를 비롯해 세계 23개국의 조문사절이 참석했다. 장례위원회는 네타지 체육관의 좌석 1만 5천 석 가운데 약 6천 석을 고인이 평생

마더 테레사의 시신 앞을 지나며 참배하는 조문객들.

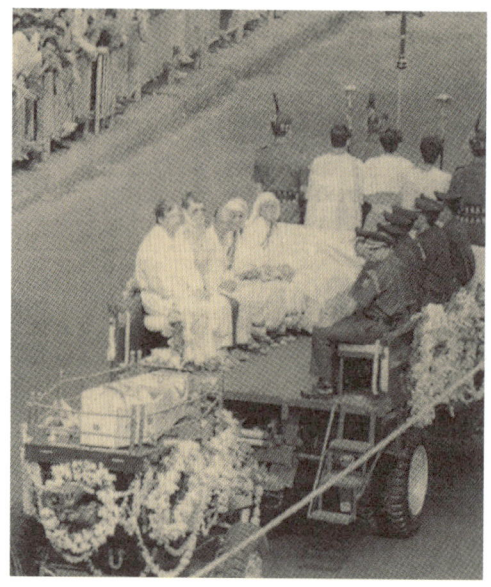

마더 테레사의 시신이 영결미사가 열리는 네타지 수바시 체육관으로 옮겨지는 모습. 길가에는 수많은 시민들이 마더 테레사에게 마지막 인사를 하고 있다.

봉사했던 가난한 사람들과 장애인들에게 배정했다. 이날 콜카타에는 150만 명의 시민들이 거리를 가득 메웠다. 장례를 마친 마더 테레사의 시신은 사랑의 선교회 본부인 마더 하우스 1층에 마련된 높이 1m의 직사각형 시멘트 상자 속에 안장되었다.

1995년 독일의 마르셀 바우어 감독과 가진 인터뷰에서 영적 유언(유언으로 남기고 싶은 메시지)을 말씀해 달라는 요청에 마더 테레사는 다음과 같이 말했다.

"예수님께서 여러분을 사랑하듯 여러분도 서로 사랑하십시오. 사랑을 하려면 순수한 마음이 필요하고 그것을 위해선 기도해야 합니다. 기도하면 믿음이 깊어지고 사랑하기 시작합니다. 그리고 이 사랑은 이웃에 대한 섬김으로 나타납니다. 또 거기서 평화가 자라납니다. 따라서 기도하는 사람은 모든 것을 가진 사람입니다."

18. 오늘의 사랑의 선교회

마더 테레사가 로레토 수도원을 떠난 것이 1948년. 그로부터 60여 년이 지난 지금 사랑의 선교회는 놀랍게 발전했다. 사랑의 선교회는 마더 테레사가 세상을 떠난 1997년 3,900여 명의 회원(수녀, 수도사)과 123개국의 600여 개 시설로 발전했다. 1981년 6월엔 한국을 처음 방문하여 한국에도 사랑의 선교 수녀회가 세워졌고, 1985년 1월엔 두 번째로 한국을 방문해 나병 환자들이 사는 '성 라자로 마을'을 방문했다. 니르말라 수녀가 후계자가 된 후엔 4,000명 이상의 회원과 전 세계 131개국에 697개의 시설로 확장되었다(출처: catholic online).

약 300평의 대지 위에 세워진 선교회의 본부 마더 하우스에는 300여 명의 수녀들이 살면서 일하고 있다. 활동도 다양하게 확장되었다. 주말학교, 입원환자 방문, 가정 방문, 죄수 방문 등을 일상적으로 하고 있으며, 무료진료소 운영, 나환자 병원과 나환자들을 위한 재활 및 사회복귀센터 운영, 버려진 아이들, 장애아들을 위한 보육 및 보호시설, 죽음을 앞둔 사람들을 돌보는 '죽어 가는 사람들의 집' 운영, 결핵 및 영양실조에 걸린 사람들을 위한 치료 및 요양 시설을 운영하고 있다.

'사랑의 선교회' 입구에 선 마더 테레사.

특히 눈길을 끄는 것은 나병 퇴치 운동의 성과이다. 티타가르에서 나병치료센터를 연 이래로 세계 곳곳에 100여 개 이상의 진료센터를 운영하고 있는데, 1990년 한 해에만 1만 7,613명의 나병 환자가 치료를 받았고, 966명의 나환자가 입원했으며, 449명이 수술을 받았다.

사랑의 선교회는 1970년 이후부터 알코올 중독자와 마약 중독자를 치료하고 사회에 복귀시키는 치료센터를 여러 곳에 열었고, 특히 1980년대에 들어서는 현대의 나병이라고 불리는 에이즈 환자들을 위한 활동을 시작했다. 사랑의 선교회는 그때그때 필요에 따라 일을 시작한 것이기 때문에 앞으로도 필요를 만나면 그만큼 활동분야도 넓어질 것이다. 마더 테레사는 언젠가 이렇게 말했다.

"가난한 사람이 있는 곳이라면 달까지라도 찾아갈 것입니다."

··· 마더 테레사 연보 ···

1910년   8월 26일, 구(舊)유고슬라비아 마케도니아의 스코페에서 태어나다. 태어난 다음 날 세례를 받고 아그네스 곤자라는 이름을 함께 받다.
1919년   9월, 아버지가 갑자기 세상을 떠나다.
1928년   8월, 성모승천 대축일을 맞아 세르나고레의 성모상을 찾아가 묵상하다가 수도생활을 하라는 소명에 응답하기로 결심하다.
         10월, 로레토 수도회에 지원하여 입회하다.
         12월, 수련생활을 시작하기 위해 인도로 파견되다.
1931년   5월, 로레토 수도회 수녀로서 첫 서원을 하다(이때 수도명을 '테레사'로 정함).
1937년   5월, 종신시원을 하다.
1944년   7월, 판 엑셈 신부를 만나다.
1946년   8월, 콜카타에서 대학살이 자행되다.
         9월, 피정을 위해 다르질링으로 가는 기차 안에서 '가난한 사람들 가운데에서도 가장 가난한 사람들'을 위해 봉사하라는 '하느님이 부르시는 소리'를 듣다.
1947년   8월, 인도가 영국으로부터 독립하다.
1948년   4월, 교황청으로부터 로레토 수도회를 떠나 콜카타의 빈민가에서 일할 수 있는 허락을 받다.
         8월, 로레토 수도원을 떠나, 의료 선교 수녀회에서 병자들을 간호

하는 법을 배우기 위해 파트나로 가다.

12월, 콜카타로 돌아와 '가난한 사람의 작은 자매회'에 머무르다. 빈민가에 최초로 학교를 열도록 허가를 받다.

1949년 귀화하여 인도 국적을 얻다.

2월, 크리크 레인 14번지로 이사하다.

1950년 10월, '사랑의 선교회(Missionaries of Charity)'가 로마 교황청의 인가를 받다[총장을 마더(Mother)라고 부르기로 한 회헌에 따라 테레사 수녀는 이때부터 '마더 테레사'로 불림].

1952년 '죽어 가는 사람들의 집(니르말 흐리다이)'을 열다.

1953년 2월, 로우어 서큘러 가의 3층 건물로 이사하고, 이곳을 '마더 하우스(Mother House)'라 부르다.

1954년 7월, '마더 테레사 협력자 국제협회'가 설립되다.

1955년 '때 묻지 않은 어린이들의 집(시슈 브하반)'을 열다.

1957년 9월, 나병 순회 진료소를 세우다[이 일은 훗날 티타가르의 나병 환자 공동체와 '샨티 나가르(평화의 마을)'로 발전함].

1962년 인도 대통령으로부터 '파드마 슈리 상'(마더 테레사가 받은 최초의 상), 필리핀 대통령으로부터 '막사이사이상'을 받다.

1963년 3월, '사랑의 선교 수사회(Missionaries of Charity Brothers)'가 탄생하다.

1965년 2월, '사랑의 선교회'를 교황청(교황 바오로 6세)이 직접 관할하는 수도회로 인가하다.

1968년 9월, 탄자니아의 다호르에 이어 로마에 수도회 지원(支院)을 열다.

1970년	12월, 영국의 런던에 제2의 수도원이 세워지다.
1971년	1월, 교황으로부터 '요한 23세 평화상'을 여성으로는 최초로 받다. 미국 보스턴에서 '착한 사마리아인 상', 워싱턴에서 '조지프 P. 케네디 2세 국제상'을 받다. 워싱턴 가톨릭 대학에서 문학박사 학위를 받다.
1972년	11월, 뉴델리에서 '네루상'을 받다.
1973년	4월, 런던에서 '템플턴상'을 받다.
	10월, 밀라노 시로부터 금메달을 받고 강연하다.
1975년	장기요양자를 위한 집 '프렘 단(사랑의 선물)'을 열다.
	10월, 미국의 노스캐롤라이나 대학에서 '알베르트 슈바이처 상'을 받다. 유엔본부에서 열린 종교정상회의에서 연설하다.
1976년	1월, 인도의 샨티니키스탄 비슐라 바라트 대학에서 명예박사 학위를 받다.
	미국에서 '지상의 평화상', '가톨릭 이인종간 협의회상'을 받다.
1977년	6월, 영국의 케임브리지 대학에서 명예 신학박사 학위를 받다.
	7월, 한국에 사랑의 선교회 수사회가 설립되다.
1978년	6월, 델리에서 '영국제국훈장'을 받다.
1979년	3월, 로마 국립 아카데미가 주는 '발잔상'을 받다.
	12월, 노르웨이 오슬로에서 '노벨 평화상'을 받다.
1980년	3월, 인도의 최고 시민훈장인 '바라트 라트나'를 받다.
1981년	6월, 한국을 처음 방문하다.
1983년	11월, 델리에서 영국 여왕으로부터 메리트 작위를 받다.

심장질환이 발견되다.

1985년 1월, 한국을 두 번째 방문해 성 라자로 마을을 찾다.

1989년 현기증으로 넘어지는 등 심장질환이 재발하다. 총장직 사의를 표명하고 교황청에 후임 총장 선출을 위한 특별 대의원회의를 소집할 수 있도록 허가해 달라고 요청하다.

1990년 총장으로 다시 선출되다.

감옥에서 나온 소녀들의 집 '샨티 단(평화의 선물)'을 열다.

1992년 심장질환으로 한때 건강이 악화되었으나 회복하다.

1993년 10월, 중국을 한 달간 여행하다.

1996년 심장질환이 악화되다.

1997년 3월, 총장직을 사임하고, 마리아 니르말라 수녀가 후임 총장으로 선출되다.

9월 5일, 심장질환으로 별세하다.

9월 13일, 인도의 국장으로 장례식이 거행되고, 사랑의 선교회 본부인 '마더 하우스'에 영원히 묻히다.

옮긴이 황의방

서울대학교 문리과대학 영문학과를 졸업했다. 1969년부터 1975년까지 《동아일보》 기자로 일했고, 1975년 자유언론실천운동에 참가하여 해직되었다. 한국어판 《리더스 다이제스트》 주필을 지냈다. 그가 옮긴 책으로 『드레퓌스 사건과 지식인』, 『마찌니 평전』, 『나는 고발한다』, 『세계를 더듬다』, 『순수와 구원의 대지 시베리아』, 『12전환점으로 읽는 제2차 세계대전』, 『빅터 프랭클』 등이 있다.

마더 테레사가 들려준 이야기

1판 1쇄 발행 2006년 12월 11일
개정판 1쇄 발행 2015년 3월 15일
개정판 5쇄 발행 2021년 7월 20일

지은이 에드워드 르 졸리 · 자야 찰리하 | 축약 및 그림 앨런 드러먼드 | 옮긴이 황의방
펴낸이 조추자 | 펴낸곳 두레아이들 | 등록 2002년 4월 26일 제10-2365호
주소 (04075)서울시 마포구 독막로 100 세방글로벌시티 603호
전화 02)702-2119(영업), 703-8781(편집)
팩스 02)715-9420 | 이메일 dourei@chol.com | 블로그 blog.naver.com/dourei

* 책값은 뒤표지에 적혀 있습니다. 잘못 만들어진 책은 구입하신 곳에서 바꾸어 드립니다.
* 이 책은 Element Children's Books에서 1999년에 출간된 *STORIES TOLD BY MOTHER TERESA*를 우리말로 옮긴 것입니다. 우리는 저작권 계약을 하기 위해 저작권회사를 통해 이 책의 저작권자와 접촉하려고 노력했으나 뜻을 이루지 못했습니다. 이 책의 저작권자나 저작권 관련 사항을 아시는 분은 저희 출판사로 연락해 주시기 바랍니다.
* 이 책의 내용은 두레아이들의 허락 없이 무단 복제하거나 전재할 수 없습니다.
* 이 도서의 국립중앙도서관 출판예정도서목록(CIP)은 서지정보유통지원시스템 홈페이지(http://seoji.nl.go.kr)와 국가자료공동목록시스템(http://www.nl.go.kr/kolisnet)에서 이용하실 수 있습니다.(CIP제어번호: CIP2015004296)

ISBN 978-89-91550-61-2 73840